西山文脉

古刹寻幽

张宝秀 张景秋 ◎ 主编 刘剑刚 ◎ 编著

北京联合大学应用文理学院 ◎ 组织编写

北京出版集团公司

北京出版社

图书在版编目（CIP）数据

古刹寻幽 / 刘剑刚编著 ; 张宝秀, 张景秋主编 ;
北京联合大学应用文理学院组织编写. — 北京 : 北京出
版社，2019.12
　　（西山文脉）
　　ISBN 978-7-200-15004-9

　　Ⅰ. ①古… Ⅱ. ①刘… ②张… ③张… ④北… Ⅲ.
①古建筑—介绍—北京 Ⅳ. ①K928.71

中国版本图书馆CIP数据核字（2019）第126653号

总 策 划：李清霞
责任编辑：董维东
执行编辑：贺祁阳
责任印制：彭军芳

西山文脉

古 刹 寻 幽
GUCHA XUNYOU

张宝秀　张景秋　主编　刘剑刚　编著
北京联合大学应用文理学院　组织编写

出　　版　北京出版集团公司
　　　　　北 京 出 版 社
地　　址　北京北三环中路6号
邮　　编　100120
网　　址　www.bph.com.cn
总发行　北京出版集团公司
发　　行　京版北美（北京）文化艺术传媒有限公司
经　　销　新华书店
印　　刷　天津联城印刷有限公司
版印次　2019年12月第1版第1次印刷
开　　本　787毫米×1092毫米　1/32
印　　张　8
字　　数　197千字
书　　号　ISBN 978-7-200-15004-9
定　　价　88.00元

如有印装质量问题，由本社负责调换
质量监督电话　010-58572393

编　委　会

—————— 主　编 ——————

张宝秀　张景秋

—————— 副 主 编 ——————

杜剑峰　顾　军　范晓薇

—————— 委　员 ——————

（以姓氏笔画为序）

叶盛东　吕红梅　刘剑刚　杜姗姗

李　岩　李彦东　李彦冰　张艳春

张健民　陈媛媛

西山文脉

【目录】

【主编寄语】

北京西山，是北京西部山地的总称，属太行山脉最北段，与北京城市发展关系十分密切，宛如腾蛟起蟒，从西边拱卫着北京城，明代以来被誉为"太行之首"[1]"神京右臂"[2]。

北京西山北起昌平区南口关沟，南抵拒马河谷一带房山区与河北省涞水县的交界处，西至市界，东临北京小平原，总体呈北东—南西走向，长约90千米，宽约60千米，面积约3000平方千米。地势由西北向东南逐级下降，依次有东灵山—黄草梁—笔架山、百花山—髻髻山—妙峰山、九龙山—香峪大梁、大洼尖—猫耳山四列山脉，最高峰东灵山海拔2303米。地貌类型主要包括中山、低山、丘陵和山间谷地。北京西山向北京平原前出的部分，即今西北六环内的部分，以军庄沟（军温路）及永定河河道与西山主体部分相隔离，俗称"小西山"，地理名称为"香峪大梁"。

[1] [明]张爵著：《京师五城坊巷胡同集》，北京古籍出版社，1982年，第14页，"西山，府西三十里太行山首，每大雪初霁，积素若画，为京师八景之一，曰西山霁雪"[清]徐珂编撰：《清稗类钞》（第一册），中华书局，1984年，第135页，"西山在京西三十里，为太行之首，峰峦起伏，不计万千，而一峰一名，闻者下易忘，知者下胜道也"

[2] [明]蒋一葵著：《长安客话》，北京古籍出版社，1982年，第52页，"西山，神京右臂"[清]赵尔巽撰：《二十四史（附清史稿）》（第十一卷），中州古籍出版社，1998年，第476页，"西山脉自太行，为神京右臂"

北京西山是中生代燕山运动隆起后，又经新生代喜马拉雅运动上升的山地和丘陵，地质遗迹众多，优质煤炭等矿产和建筑材料资源丰富，是我国培养自己的地质学专业人才和自主开展地质调查研究工作正式开始的地方，1920年由中华民国农商部地质调查所出版的中英文版"地质专报甲种第一号"《北京西山地质志》是我国第一份地质调查成果。西山堪称"中国地质学的摇篮"，马兰黄土、军庄灰岩、青白口系、下马岭组、窑坡组含煤地层、龙门组砾岩、髻髻山火山岩、芹峪运动等许多源于北京西山的地质名词具有世界意义，很多地层、地质现象、地质构造运动遗迹已成为闻名中外的经典和热点研究对象。西山拥有众多著名山峰，还分布有丰富的冰川遗迹和地下溶洞，河湖水系和动植物资源也非常丰富。2006年联合国教科文组织正式批准"中国房山世界地质公园"并授牌。西山是北京的生态屏障，山水生态构成西山文化的重要基底。

从大的地理单元看，北京位于华北平原旱地农业经济文化区、内蒙古高原牧业经济文化区、东北松辽平原狩猎采集经济文化区这三大地理单元和经济文化区的交汇之处，华北平原与黄土高原的过渡地带。在古代，华北平原多湖泊湿地，而太行山东麓山前地带地势较高，便于通行，久而久之形成一条南来北往的大道，古代大道的北端在蓟城（北京城的前身）。蓟城往西北经南口至张家口，再至内蒙古高原，往北经古北口至内蒙古高原或经承德至东北平原，往东经喜峰口及山海关至东北平原。北京独特的自然地理区位特征使其有着独特的交通地理区位和政治地理区位，自古以来就处于燕山南北与太行山东西文化交汇交融的前沿地带，并逐步成长为多民族文化交融的北半个中国以及整个中国的都城。

感怀历史，北京西山文脉悠长，其发展是一个文化不断层累的过程。西山有北京最早的旧石器时代遗址，是生活在70万年至20万年前的"北京人"的故乡，拥有周口店新洞人、田园洞人、山顶洞人等丰富的旧石器时代晚期遗址，以及东胡林人、镇江营等农业文明肇始以后的新石器时代遗址，有北京最早的水利工程——曹魏时期的戾陵堰、车厢渠，有始建于西晋、北京现存最古老的寺庙潭柘寺（初名"嘉福寺"），有始建于隋末唐初、世界上保存石刻经版最多的寺庙云居寺及延续千年刻制的大量石经、纸经、木版经，以及戒台寺、八大处、卧佛寺、万佛堂等辽金以前的众多遗产遗迹。至辽金时期，北京先后成为辽的陪都南京、金的都城中都，地位不断提升，北京西山地区的发展随之大大加快了速度。历代西山木石和煤炭等资源的开采，京西古道的开辟和不断拓展，使得西山成为北京城市建材和能源的重要供给地，成为联系北京城市和京西地区、冀西地区、山西高原、内蒙古高原的重要通道和文化纽带。

辽代，北京作为陪都，开始了皇家文化与佛教文化的融合，西山地区出现了上方院、清水院、香水院、白瀑寺、灵光寺佛牙舍利塔等一批寺院建筑。此外，北辽皇帝耶律淳死后葬于香山。

金代，北京成为北半个中国的都城，皇帝常巡幸西山，在香山、玉泉山、仰山、驻跸山等处建起多座行宫和寺院，形成著名的"西山八院"。金代"燕京八景"西山占两处,即"西山积雪"和"玉泉垂虹"。金代在西山脚下修筑了金口河和玉泉引水工程,并在沿山一带建起众多墓园。这些奠定了西山"山水与禅宗相融合"的皇家文化根基。

元代,北京成为全国的政治中心,兴建了新的都城元大都。郭守敬先是主持重开金口河运西山木石建设大都城,后又主持修建了通惠河,汇集西山泉水引入大都,解决大都漕运用水,使漕船得以进入大都城内。同时,开辟金水河,将玉泉山泉水引入大都城内。皇帝在西郊修建了大护国仁王寺、大承天护圣寺等多座皇家寺庙以及行宫,铸造了卧佛寺的铜卧佛。西山脚下的瓮山泊(今颐和园昆明湖的前身)成为大都郊外著名的游览区,海淀逐渐变为郊居胜地。

明代,西山范围内开始形成不同的文化景观区域。山前平原成为园林宜居区,海淀附近"稻畦千顷",形成宛若江南的水乡景色,达官贵人在此建设园林别墅。沿山一带出现多处墓葬陵园区,不仅葬有200多位王爷、公主、嫔妃,还有景泰皇帝朱祁钰的陵寝,留下许多以"府"为名的墓园地名。山地成为寺庙风景区,明代太监在西山兴建起大量寺庙,明人诗句"西山三百七十寺,正德年中内臣作",就是其写照。此时,西山文化景观初具规模。

清代,在西山和山前平原建起以"三山五园"为代表的大型皇家园林区,先后兴建静宜园、静明园、畅春园、圆明园、颐和园等十余座御园以及大量赐园。清帝大部分时间在此居住和理政,"三山五园"成为紫禁城之外的另一处政治中心。清代,碧霞元君朝拜成为京津及周边地区规模最大的民间朝拜活动，京西妙峰山成为重要的朝拜中心。

近代以来，西山地区成为中外文化交流的场所和红色革命根据地。中法大学最早立足西山建立中法大学西山学院。法国诗人圣-琼·佩斯在此创作了《远征》，后来获得诺贝尔文学奖。革命先行者孙中山先生逝世后，曾停灵于碧云寺。不畏艰险、无私支持中国人民抗日斗争的法国医生贝熙业在西山建房居住、诊治百姓，帮助从北平城往平西根据地运送药品。抗战期间，中国共产党领导的抗日武装在西山与日寇进行了顽强的斗争，留下不少抗战遗迹，这些遗迹构成了一幅波澜壮阔的红色历史画卷。

全国解放前夕，1949年3月中共中央和毛泽东同志从西柏坡进京，进驻香山，这里成为向中国人民解放军发出向全国进军号令和筹划开国大典等重要历史事件的发生地。这里有双清别墅、来青轩等中共中央在香山的革命旧址，今年9月又建成了香山革命纪念馆，它们共同构成香山革命纪念地。香山是承载中国共产党伟大革命精神的重要红色纪念地。

中华人民共和国成立以后，西山具有了彻底的人民性。石景山脚下形成的大型钢铁厂，如今成为重要的工业遗产。山前地区出现了一批优秀的近现代建筑。西山地区集中了全市80%左右承载着丰富民俗文化的传统村落。各类各级风景名胜区、自然保护区和人民公园的建设，推动西山成为北京市民休闲、览胜和度假之地。

北京西山历经沧桑演变，其自然山水生态本底为西山历史文化资源提供了物质基础，留下了宝贵的文化遗产，蕴藏着丰富的首都文化，包括源远流长的古都文化、丰富厚重的红色文化、特色鲜明的京味文化和蓬勃兴起的创新文化，成为北京的生态之基、文明之源、历史之根、文化之魂，是多民族文化交汇融合、兼容并蓄的中华文明源远流长的伟大见证，承载和表征着"天地人和"的中国传统文化价值观，成为北京文脉传承、乡愁寄托的载体，是北京历史文化名城的金名片，是京津冀协同发展的重要纽带。

为了"展西山古今风采，扬中华优秀文化"，北京联合大学应用文理学院、北京学研究基地、三山五园研究院与北京出版集团合作，策划选题，组织地理学、历史学、考古学、城乡规划、汉语言文学等相关学科专业的老师，在所承担各级各类研究课题成果基础上，撰写出版"西山文脉"丛书。本套丛书是北京学高精尖学科建设的阶段性成果，共10册，包括《三山五园（上）》《三山五园（下）》《文化情缘》《名流荟萃》《古刹寻幽》《烽火印记》《古村古韵》《诗文印象》《乌金留痕》《非遗传承》。每册图书平均字数10万字左右，图片100多幅，力求图文并茂，生动有趣，从各个专题的角度，梳理和挖掘西山丰富的文化资源，展示西山深厚的历史底蕴和文化内涵，讲好西山故事，讲好北京故事，让西山文化发展有源、传承有绪。

张宝秀　张景秋

2019年9月

【绪 论】

　　建筑是一个真实的生活场所，其具体的空间、形象、构造方法透露出各种文化、历史、科技、美学和艺术的信息。建筑史研究的魅力，在于可达司马迁在《史记》中所说的"究天人之际，通古今之变"的境界。一个地方的建筑史就是一部立体的历史书。北京是一座建筑遗产极其丰厚的历史名城，尤其以明清时期的宫殿、坛庙、陵墓、园林、宅邸、宗教建筑著称于世。在这些历史建筑中来回穿梭，仿佛走进了时空隧道，这些建筑本身蕴藏着丰富的历史变迁和传奇故事。这些建筑遗产是北京昔日身份的历时性见证，也是北京今日文化记忆的共时性载体，成为不可替代的文化遗产，更是北京未来经济、社会、文化可持续发展的一种极其重要的动力源。

　　20世纪90年代初，我在大学读建筑系，由此引发我对古建筑之兴趣，但当时所能读到的中国古建筑资料极为有限。毕业后我又从事建筑设计实践工作，由于工作繁忙，只好把对古建筑的爱好暂时放下，但这一小小的火种一直没有熄灭。后来我又就读建筑历史与理论专业的研究生，直到在大学从事建筑历史与建筑遗产保护的教学与研究，深感中国古建筑的博大精深。在我的阅读、调查、研究历程中，梁思成、林徽因、刘敦桢等前辈学者在营造学社时期的调查报告和研究论文，给我以深刻印象，使我获益匪浅，尤其是字里行间流露出的历史情怀、文化品格和专业精神，令人感佩，为之动容。

在中国现存古代建筑中，元代之前的几乎均为佛教建筑，包括佛寺、佛塔、石窟三大类型。只有走进这些寺院古刹，才能真正领略唐风宋韵。至今我还记得第一次站在山西五台山佛光寺东大殿面前时所感受到的那种穿越千年的巨大力量：外观庄重大气，木构明朗简洁，斗拱[1]硕大，出檐深远，整个大殿犹如一只刚刚落于山岩上的雄鹰，而羽翼尚未收起，极为精练地传递出唐代建筑的特色。那一刻不禁让我想起，佛光寺东大殿于1937年那个山雨欲来风满楼的烽火岁月被梁思成、林徽因等人发现时在中国建筑史研究上留下的一段动人心魄的乐章。

北京地区在历史上就是佛寺古刹云集之地，佛教建筑文化极为丰厚，从西晋至明清未曾中断。由于独特的地理环境和历史文化，以及与北京城市发展紧密关联，北京西山遂成为佛教寺院理想的建寺之地，与古刹结下了不解之缘。潭柘寺、云居寺、戒台寺、卧佛寺、大觉寺、碧云寺……这些西山名刹，不仅历史悠久，而且声名远播，更因为与北京这一著名古都的城市建设、城市生活有着千丝万缕的联系，引起人们久久不绝的兴趣。

几十年只是历史的一瞬，北京城却从一座千年古城变为现代化大都市，繁华、热烈、拥挤、快节奏。西山古刹也几乎都成了旅游景区，节

---

[1] 斗拱，亦称"斗栱"

山西五台山佛光寺东大殿为中国现存规模最大的唐代木构架建筑，是集唐代建筑、唐代雕塑、唐代绘画、唐代书法于一身的杰作

假日更是游人如织。但总能寻得一个时刻，游人散去，仿佛时光倒流，西山古刹又恢复了沉静、清幽，殿堂萧然，佛像端庄，站在殿前的石阶上，遥望远处的青山，全然是另外一个世界，可以不发一言，思想却可以自由驰骋，像山野间的风，随意来去。

再过千年，无论北京城如何变迁，西山苍翠依旧，古刹清幽如故。

刘剑刚

2019年9月

古刹寻幽

第一章 深山藏古寺

山寺意境

  "深山藏古寺"的典故出自画院史，讲述了宋代画院招考画家的故事。宋代画院录用画家要经过严格的考试，"深山藏古寺"是当时画院考试的一道题目，据说此题为宋徽宗所出。"深山""古寺"颇有意境，"藏"字更蕴含了无穷禅意。围绕这一考题，大多数画家的卷面上都是借用山坡、山峰、树林、云雾等来遮挡古寺，仅显露出古寺一角来应答考题。唯有一位应试画家构思独特，别出心裁地画了一个和尚在山涧挑水，以此来反映深山里藏着古寺。此画之巧妙让人拍案叫绝，成为画坛美谈。同时，此画亦生动地反映了中国传统建筑营造与诗画意境的融合，以及筑境、诗情、画意的相通关系。

  由此宋代的画坛故事，我想到了近代另一桩画坛雅事。齐白石有一幅名作《蛙声十里出山泉》，意境深远，发人遐想。这幅画也和诗有关。其一，求画人是老舍先生，画也是因诗而生的；其二，画也是命题画，是按古人诗家名句的意思而成画的。老舍先生曾经选了苏曼殊的4句诗句，向白石老人求画。老人很漂亮地完成了4幅画作，画作装裱出来之后，被挂在寓中客厅西墙上，满壁生辉。老舍先生受了鼓舞，又找了4句表现难度更高的诗句再度向白石老人求画，其中最难的就是清代诗人查慎行的一句诗："蛙声十里出山泉。"齐白石用重墨在纸的两侧画了一个山涧，急湍的山泉在山涧中流淌，水中游弋着6只小蝌蚪，上方用石青点了两个青青的远山头，青蛙妈妈在那里呢，她的声音传出了十里之遥，到了山涧的这头。画作完成之后，在老舍先生的客厅挂出，消息立刻传向四方，轰动一时，成

为中国文坛、画坛的一桩雅事。

画中无蛙，而有闻蛙声之感；画中无寺，而有感寺在山中。这是异曲同工的绝妙之至的构思。

"深山藏古寺"突出的就是一个"悟"字。"悟"是指领悟、感悟、觉悟，如佛祖拈花一样，通过心灵感受来领悟世间真谛。所以"深山藏古寺"这一命题，看似简单，实际却难。画中只有僧人汲水而不显露古寺，画之所以是佳作，就是因为画家悟到了"深山藏古寺"的禅境。这是一幅既有寺又无寺，既有人又无人的画。画中既有画家的主观精神，又体现出佛家的"无我之境"。

"深山藏古寺"，佛寺处于一个宁静优美的境界之中，神思悠悠，自然而然地将宇宙与心灵融为一体，顿有超凡脱俗之感。所以其本身就体现了禅境与艺境的完美统一。灵山流绿，万壑青翠，溪水潺潺，曲径通幽，花木掩映，僧人汲水，耳畔似乎传来悠扬的钟磬声音，不仅有画意，而且有诗情。

历代诗词中颇多以山中寺院为主题的佳作。白居易的《大林寺桃花》是一首记游诗，大林寺在庐山香炉峰，诗中的名句"人间四月芳菲尽，山寺桃花始盛开"[1]描绘了在芳菲落尽的时候，不期在深山古寺之中，又遇上了意想不到的春景——一片始盛的桃花。山寺寻花，至今仍是一件雅事。诗人更以"人间"二字作为首句开头，意味着这一奇遇给诗人带来一种特殊的感受，仿佛从人间的现实世界，突然步入山寺这一"非人间"的另一世界。

---

[1] 萧涤非、程千帆、马茂元、周汝昌、周振甫、霍松林等撰：《唐诗鉴赏辞典》，上海辞书出版社，1983年，第898页，白居易诗《大林寺桃花》。

常建的《题破山寺后禅院》："清晨入古寺，初日照高林。竹径通幽处，禅房花木深。山光悦鸟性，潭影空人心。万籁此俱寂，但余钟磬声。"[1]"破山"在今江苏常熟，"寺"指兴福寺。此诗抒写了清晨游山中古寺的观感，以古朴笔调描写了一处幽美绝世、娴雅清静的山寺境界。诗中"古寺高林、竹径通幽、山光潭影、万籁俱寂、钟磬余音"的山寺意象，留传千载，深入人心。宋代欧阳修十分喜爱"竹径"两句，后来他在青州一处山斋宿息，亲身体验到"竹径"两句所写的山寺意境情趣，更想写出那样的诗句，却"莫获一言"。

《夜宿山寺》一般认为是李白的作品，诗中写道："危楼高百尺，手可摘星辰。不敢高声语，恐惊天上人。"诗人运用浪漫主义的创作手法，通过丰富的想象，描写了山寺楼宇的高耸，给人以身临其境之感。从诗中推测，似乎山寺位于山巅，一般佛寺较少建于山顶，道教宫观却经常这样选址。因此，我总感觉这首诗表达的更多的不是禅意的境界，虽然夜宿山寺，却表现了道教对神仙世界的追求。

"深山藏古寺"反映了山与寺之间的一种微妙关系，妙在一个"藏"字，其主要意境也在于"藏"。"只在此山中，云深不知处"，寺院隐于自然的环境中，获得"虽由人作，宛自天开"的效果，达到"羚羊挂角，无迹可求"的艺术水准。

北京西山就是一个山与寺关系十分微妙之处。

[1] 萧涤非、程千帆、马茂元、周汝昌、周振甫、霍松林等撰：《唐诗鉴赏辞典》，上海辞书出版社，1983年，第750页，常建诗《题破山寺后禅院》

西山梵境

北京城位于华北大平原的北端，它的西部和北部是连绵不断的群山，东南一带则是一片逐渐低缓的平原，海拔仅有50米上下，我们称之为"北京小平原"。北京西部的山地，南起拒马河、北至南口附近的关沟，总称西山，属于太行山山脉的北部；关沟以东，为北部山地，统称军都山，属燕山山脉。北京地区的山地面积大约占全市总面积的62%，平原约占38%，是一个山地多平原少的地方。

北京地区的河流全部属于海河水系。从东到西分布有蓟运河、潮白河、北运河、永定河、大清河五大水系，其中蓟运河、潮白河、北运河水系由北向南穿过军都山进入北京小平原，永定河、大清河水系由西北向东南穿过西山进入北京小平原。永定河为北京地区最大河流，在门头沟区三家店进入平原后，向东南流至河北、天津入海河。

广义的北京西山包括房山区西部、丰台区西部、门头沟区全部、石景山区西北部、海淀区西北部及昌平区西南部的山地；狭义的北京西山是指距北京城较近的丰台区西部、门头沟区东部、石景山区西北部、海淀区西部的山地。西山大部分是低山丘陵，有少数是中山。其地层主要是古生代和中生代的沉积岩，亦有中生代燕山运动形成的岩浆侵入体。

抛开地理学上的界定，西山在历史上就是北京西郊诸山的总称呼，古籍有载"以其西来，号曰西山"，它由南至北逶迤而来，犹如青龙横卧，是太行山余脉。北京的母亲河——永定河与西山交换拥抱，大河悠悠，西山莽莽，这种山水相连、林麓苍茫的绝佳胜景为北京增添了无穷的魅力和

玉泉山"玉峰塔影"景观

神秘。西山的众多山岭和岗丘被赋予了美丽的名称，例如香山、玉泉山、万寿山、寿安山、阳台山、妙峰山、石景山、翠微山、马鞍山、潭柘山、上方山、白带山[1]等。

北京西山，人类活动历史悠久。房山区周口店龙骨山是六七十万年前"北京人"、十万年前"新洞人"和两万年前"山顶洞人"的故乡。门头沟区东胡林是新石器时代早期"东胡林人"的故乡。北京西山连绵起伏，重峦

---

[1] 白带山，今也称"石经山"，位于北京市房山区，为房山石经刊刻起源之地

叠嶂，泉水喷涌，自金代金章宗开辟西山八大水院始，历代皇家在西山或山麓地带营建离宫御苑，至清代形成了香山静宜园、玉泉山静明园、万寿山清漪园等大型皇家园林。北京西山早在元代就已因其自然风景之美而成为京郊的公共游览地。明初，从南方来的移民在西山脚下大量开辟水田，又增益了这一带宛若江南水乡的自然风光，官僚贵戚们竞相占地造园，私家园林也开始兴盛了。流出西山的永定河是北京的母亲河，与西山诸泉汇聚而成的玉泉水曾是北京城的主要水源。优越的地理位置和秀丽的自然风光，以"玉泉垂虹"和"西山晴雪"最负盛名，同为著名的燕京八景之一。

在北京西山，到处可以体会山水之美。奇秀的群山、清冽的泉水、茂密的树林、幽深的溶洞，这样的地理组合和山地环境，在中国北方，可谓绝无仅有。西山山水之美，一言难尽。天地有大美而不言，但"北京人"在70万年前对家园的选择，就已经表明了他们对于这片山水的态度。

北京西山，佛教文化极其昌盛。自晋代以来直至明清，佛门僧众络绎不绝，看中了这一方奇山秀水，在这里建寺营刹。潭柘寺、戒台寺、云居寺、碧云寺、卧佛寺等都是名扬海内外的古寺巨刹。大家熟悉的八大处，因其有8座古刹而得名，它是由居北的平坡山、倚西的翠微山、东侧的卢师山围合而成，尤以翠微山名胜古迹最为丰富，八处寺院依次排列在三山之间的山坡上，其中最有名的是秘魔崖（证果寺）、龙王堂（龙泉庵）等。但在从前说，这只是"小八大处"，真正的八大处，有云居寺、潭柘寺、戒台寺、上方山、碧云寺、大觉寺、卧佛寺，再加秘魔崖，共为八处，号称"西山八大刹"。当然，历史上其说法也不尽一致，但这无关紧要，总之都是山中古寺、佛教名胜，这说明北京西山佛寺的悠久历史和庞大规模。这"西山八大刹"沿着大西山东麓由南至北分布，形成了北京城西部的佛教文化与寺院古刹连绵带，寺塔巍峨，梵音袅袅，蔚为壮观。

除了巨刹名寺之外，北京西山中小型寺院更是数以百计。尤其是明代在西山一带大量兴建佛寺，对西山的风景进行了历代规模最大的一次开发。明代的《帝京景物略》中有"西山岩麓，无处非寺，游人登览，类不过十之二三"[1]的说法。这些众多的寺庙中，帝后敕建的和由贵族、皇亲、宦官捐资修建的占绝大多数。清代学者朱彝尊在《日下旧闻》中称："都

[1]　周维权著：《中国古典园林史（第三版）》，清华大学出版社，2008年，第440页。

城自辽、金以后，至于元，靡岁不建佛寺，明则大珰无人不建佛寺。梵宫之盛倍于建章万户千门。成化中，京城内外敕赐寺观以至六百三十九所，见周尚书洪谟奏疏中。王宫保廷相诗云，西山三百七十寺，正德年中内臣作。则所建可类推矣。"[1]山林间钟磬悠扬、香烟袅袅、云雾缭绕，"西山三百七十寺"，西山寺院之多，致使深山几乎无法藏古寺了。

西山诸山中，香山、玉泉山、万寿山等处山水相间，美景连连，是最理想的休闲胜地，历代帝王在这里营造离宫御苑的同时，也修建了诸多佛寺。香山一带峰峦叠翠，泉水淙淙，流水潺潺，香炉主峰在缭绕云雾的衬托下，更显神秘凝重。山间的几十座大小寺院飘出的清脆铃声更增加了几分鲜活与灵动。玉泉山不高也不大，南北延伸1300米，东西展宽约450米，主峰海拔约100米，拔地50多米。有泉眼多处，水质清甘，晶莹如玉，美称玉泉。山上山下却密集排列着圣缘寺、妙高寺、香岩寺等十数座大小寺院，"玉峰塔影"更成为玉泉山的标志性景观。万寿山濒临昆明湖，山水互映，佛香阁一览山水胜景，与对面的龙王庙南北对视，高俯低仰，佛香阁后面和左右两侧簇拥着智慧海、四大部洲、善现寺、云会寺、转轮藏、花承阁、宝云阁等佛教殿阁，佛阁梵塔成为这一风景名胜区的主体景观。

北京西山之所以佛寺兴盛，原因有三。其一，自北京建都以来，历代皇帝普遍崇佛，加之官僚、贵戚、宦官推波助澜，辽、金、元，以至明、清，可谓北京佛寺发展的鼎盛时期，在北京佛教史和中国佛教史上都具有重要的地位和影响。其二，西山素称"神京右臂"，峰峦连绵，自南趋北，拱列于京城西部，最远不过百里，周边佛教积淀深厚，信徒众多。山上风光旖旎，山下泉水长流，实为建寺修行的上佳之地。其三，建寺深

[1] [清]于敏中等编纂：《日下旧闻考》，北京古籍出版社，1983年，第986-987页

山较为隐秘，相对远离政治势力及战乱的袭扰，客观上成为佛寺得以传承发展的外部条件，这也是"藏"的又一层含义。

禅灯遍布，梵音悠扬，北京西山浸润于浓郁的佛教氛围当中，绵延千年不曾间断。

宛自天开

从建筑学的角度来讲，任何寺院都必然处在一定的环境之中，并和环境保持着某种联系，环境的好坏对于寺院建筑的影响很大。为此，在制订建筑计划时，首先面临的问题就是选择合适的建设地段，涉及对于地形、环境的选择和利用。"深山藏古寺"也蕴含了佛寺选址的问题，其外在表现是寺与山的关系，其内在本质是人与自然的关系。

天下名山僧占多，僧人对修行场所的选择是苛刻和谨慎的，佛寺之所以往往选址于山水俱佳、靠山近城之地，一是山水俱佳可以有一个清幽的修行环境，二是靠山近城，可进可退，既能满足自身发展的物质资源需求，又可在大山的臂弯里，得到一个相对安全的环境。

即使选择山中建寺，也不会选在荒山野岭、人迹罕至的地方，因为还要考虑交通的相对便利与通畅。在古代，佛寺无论在市井，在近郊，还是"藏"于深山，在旅行活动中往往起着重要作用，不仅其自身是可观可赏的风景，还能为旅行者提供食宿甚至导游的帮助。前面提到的李白《夜宿山寺》就是明证。韩愈是最反佛的，但是他投宿也是到寺院里去，他有一

首诗《谒衡岳庙遂宿岳寺题门楼》写道："夜投佛寺上高阁，星月掩映云朦胧"[1]，将其讲得很清楚了。从北京西山佛寺的选址来看，它们的选址都处于浅山或山麓地带，距离平原都不太远，很多寺院还可以远眺北京城。

古人历来重视建筑选址，他们相信选址的好坏，直接关系到人或家族的兴衰。古人在选择建筑地点时，对气候、地质、地貌、生态、景观等一系列建筑环境因素进行综合评定，并对相应的规划和建筑措施进行总括。古人常说的"风水宝地"的环境模式，是一种理想的背山面水，左右围护的环境格局，注重人与环境的和谐。美是和谐，所以环境中自然风光的美也是选址的考虑之一。在这样的文化背景下，佛寺的选址也会体现这一理念。

徐霞客是明代伟大的旅行家，把自己的一生奉献给了祖国的名山大川。在《徐霞客游记》中有很大篇幅描述了山地环境中寺院的选址。其中，随处可见与选址有关的文字描述："玉皇阁当石壁下，两箐夹之，得地脉之正"[2]，"西眺绝顶之下，护国后箐之上，又有一庵，前临危箐，后倚险峰，有护国之幽而无逼甚，有朝阳之垲而无其孤，为此中正地"[3]，"其址高倚香炉，北向武功，前则大溪由东坞来，西向经湘吉湾而去，亦一玄都也"[4]。徐霞客所说的"地脉之正""为此中正地""亦一玄都"都是堪舆选址用语。

明代造园家计成在《园冶》一书中一开始就强调"相地"的重要性，并用相当大的篇幅来分析各类地形环境的特点，从而指出在什么样的地形

[1] 萧涤非、程千帆、马茂元、周汝昌、周振甫、霍松林等撰：《唐诗鉴赏辞典》，上海辞书出版社，1983年，第787-788页，韩愈诗《谒衡岳庙遂宿岳寺题门楼》。
[2] [明]徐宏祖撰：《徐霞客游记》，京华出版社，2000年，第671页
[3] [明]徐宏祖撰：《徐霞客游记》，京华出版社，2000年，第500页
[4] [明]徐宏祖撰：《徐霞客游记》，京华出版社，2000年，第115页

条件下应当怎样加以利用，并可能获得什么样的效果。园林是这样，佛寺也不例外，况且我国寺庙一向重视园林建设，寺庙园林为我国园林的重要类型，所以佛寺建设十分注重选择有利的自然地形与环境。在北京西山的众多佛寺中，都可以看到对于山地环境的选择和利用，概括来说有三点最为重要，那就是顺地势、现清幽、出新意。

西山佛寺选址的第一个特点就是顺地势。一所成功寺院的修建首先要做的是分析、判断周边的地形环境，不能为了一味追求气势的宏伟或与众不同，无视真实的环境条件，这样的寺院即使在外观上很壮丽，但从整体上却一定是不完善的，也是不美的。任何建筑，只有当它和环境融合在一起，成为一个统一的有机整体时，才能充分地显示它的价值和表现力。如果脱离了环境而孤立地存在，即使建筑本身尽善尽美，也不可避免地会因为失去了烘托而大为减色。北京西山佛寺选址从中国传统审美思想出发，在自然山林中常常表现出一种谦逊的态度，力求分散布局，扩大用地范围，限制建筑体量，顺应地形起伏，以求与自然环境的契合，达到本乎自然、气韵涌动的审美旨趣。潭柘寺坐北朝南，背倚宝珠峰，周围有9座山峰呈马蹄状环绕，宛若众星捧月，是修建在众山之间平坡地的一座寺院。诸峰如展翅舒翼，四拱成坞，寺当其中，若在围城之内，清幽为一方之冠。潭柘寺处在诸峰环绕下的一块场地上，在周围都是山峰的情况下，创建者从实际出发，没有将寺修建在山坡上，而是顺应地势取当中的平缓处而建，这才有了弘敞的优势。众山屏蔽，潭柘寺的建寺之地自然形成了一个温暖、湿润的小气候，苍松翠柏，古树奇花，自然风景秀美。

在西山佛寺中，那些满足顺地势要求的寺院，都会极力追求一种宗教意义上的清幽。清幽对于一座佛寺来说是非常重要的，因为这与佛寺的职能直接相关，僧人修行之地以清幽为佳境，而寺院是宗教活动和修行的场所，在

潭柘寺处于诸峰环绕之中，清幽为一方之冠

选址上要体现出清幽的意境就是必需的了。若要获得清幽之境，还需悟得"藏"字的意趣。"藏"必然要顺应地势，顺势才能峰回路转、柳暗花明、曲径通幽。戒台寺藏于群山环抱之中，位于半山之上，檐牙高耸林间，一径逶迤而上。寺的主体建筑坐西朝东，而入口南向，踏进此门，还不知大雄宝殿在何处，待徘徊于半山平台之上，下边是一片平原，顿觉空阔疏朗。蓦然回首，山门、大殿依次排列。进入山门，经大雄宝殿，拾级而上，但见古松奇绝，俨然寺内"主角"，殿堂隐于松后，退居背景。这一安排非同小可！这是"藏"而后"露"，"露"而再"藏"的巧妙布局，其所产生的清幽效果是十分强烈的。

北京西山另一名刹卧佛寺的清幽之境，很大程度上是通过设置寺前引路获得的，此引路可谓京城诸寺之冠：由南端的木牌楼至北端的琉璃牌楼，长约150米的缓坡山道，植柏树两列，将山道分作中、东、西三路，

戒台寺山门前第一层平台，台上有辽槐一株，台下临平畴沃野，空间开阔疏朗

古柏参天，荫翳蔽日，意境高古，成为进入卧佛寺的精彩"前奏"或"序曲"。寺"藏"于其后，进寺需在古柏中行数百步，有涤荡心灵、摒绝尘世之功用。两排古柏，三道石径，缓缓而上，令人想起"锦官城外柏森森"的意境。柏影尽头，一座恢宏灿烂的琉璃牌楼拔地而起，额题"同参密藏"白底红字，赫然在目，真有穿越时空之感。以林荫路增加寺前引导空间的设计手法，在潭柘寺、碧云寺等大型山林寺院中均有应用。一则林荫路加大了寺院的纵深感，增加了寺院前导空间，为道路尽头寺院的清幽之境在建筑意境方面进行了铺垫，使得人在入寺之前便置身于幽静的苍松翠柏之中，心灵也在行进过程中逐步得到净化，更增强了对宗教纯真虔诚的心理体会；二则林荫路内的幽静深远与寺内殿阁交错的宝相梵刹景象形成对比，更衬托了寺院的恢宏。在历史渊源上，其与宋代的"五山十刹"中的灵隐寺、天童寺和国清寺等十分相像，所谓"二十里松林天童

寺""十里松门国清寺""九里松径灵隐寺"[1]。而且，据记载，这种布置方法的历史可以追溯到更久远。"灵隐寺路九里松，唐刺史袁仁敬所植，左右各三行，相去八九尺"[2]，天童寺"寺之前古松夹道二十里，大中祥符间僧子凝所植也"[3]。

　　顺地势、现清幽是一座成功的山地寺院应达到的基本要求，当然取得的建筑艺术效果也有高下之别。要想成为一座具有高超审美价值的寺院，除满足基本条件外，在选址上还应该达到另一个要求，那就是出新意，就是在选址时要对位置进行巧妙的运用和创新，使其突出优势，甚至化不利因素为有利条件，具有不同于其他寺院的特点。山西浑源悬空寺就是一个变不利因素为有利条件的例子，它选址于恒山崖壁之间，整座寺院建筑，上载危崖，下临深谷，背临峭壁。以神奇险峻为特色，突出了建筑布局的奇特、建筑结构的巧妙、建筑基址的险峻。在危崖峭壁之间，40多间房舍如朱玉镶嵌其中，整体布局均衡紧凑又分散自然，危楼高悬，惊险奇绝，可谓置之死地而后生的建筑。

　　香山碧云寺历经700年沧桑，饱尝各种劫运，至今仍然保存完好，成为北方诸寺中的佼佼者。佛寺本来是施敬拜、扬道场之地，然而碧云寺为什么能赢得那么多人的偏爱，无论拜佛的还是不拜佛的都喜欢到此一游？我想其原因除了碧云寺独具特色的建筑艺术之外，还得益于其得天独厚的山地环境，更重要的是其善于利用自然地形进行非同寻常的总体规划和平面布局。

[1]　郭黛姮主编：《中国古代建筑史　第三卷：宋、辽、金、西夏建筑》，中国建筑工业出版社，2003年，第163页。
[2]　中华书局编辑部编：《宋元方志丛刊（第四册）》，中华书局，1990年，第4166页，[宋]潜说友撰：《咸淳临安志》。
[3]　中华书局编辑部编：《宋元方志丛刊（第五册）》，中华书局，1990年，第5168页，[宋]方万里、罗浚纂，胡榘修：《宝庆四明志》。

卧佛寺前引路，古柏夹道，遮天蔽日，意境高古

柏影尽头，卧佛寺"同参密藏"琉璃牌楼，赫然在目

深山藏古寺

香山的山势系以南北向的横峰为主体，而又向东伸出了南北两支侧岭，形成左右两臂。主峰深藏于内，两臂成辅于前，而且向前伸展得很远。这样两臂间的广大地域之内涵就十分广博，峰岭相映，是为静宜园主体环境。北侧的左臂外侧隔牛犄角沟与碧云寺相对，碧云寺就坐落在这一个纵深的台地上，基地两侧均为沟谷。碧云寺充分利用地形升高趋势，形成以金刚宝座塔为制高点的逐渐抬升的中轴线布置方法。各类殿堂建筑布置在向阳山坡上，自东向西依山势逐步升高，随地段平缓填土筑平台围成院落，形成层层加高的六重院落，院内兴建殿堂，中轴线上的院落排列大小有别，高低有序，格局严谨，秩序分明。在每座院落中心位置布置主体建筑，金刚宝座塔放置在最后一进院落的中央，同时也是山岗最高处，形成全寺制高点。这些主体建筑和轴线上的附属建筑连在一起，就形成了整个碧云寺极为鲜明、优美，并带有强烈升腾感的建筑轮廓线，前后落差104米（地势落差72米），气势十分壮观。就取势而论，西山诸寺没有一个比得过碧云寺的。碧蓝的天空下，翠绿的山谷中，沿着一道小山脊，以白石阶、白石坊、白石宝座、白石金刚塔层层相衔相叠，像用白云铺了路，又像用白云堆了塔，构成一个冰清玉洁、素雅秀丽、华美壮观的方外世界。西山寺院在选址上根据地形特点，突出优点或变劣势为优势，利用地形将整个寺院建筑与周围的环境和谐统一起来，使寺院成为各具美感、充满生气的审美对象，可谓深得"藏"字真味。由此可见，"深山藏古寺"作为一种选址布局模式对于一座寺院景观审美价值的形成起着多么重要的作用。

碧云寺前引路

碧云寺金刚宝座塔处于山岗最高处，形成全寺制高点，石阶、石坊、牌楼、宝座、金刚塔，层层相接，取势雄健，华美壮观（武立佳摄）

文化景观

"深山藏古寺"反映了山与寺之间自然景观与人文环境的互动互映关系。寺因山而幽，山因寺而显。"深山藏古寺"成为一种中国传统文化景观模式。佛教传入中国，不仅是文化的交流，佛寺的殿阁塔幢等建筑对中国的城市景观和山水景观也产生了重大的影响。

佛寺的建筑对于中国古代的城市景观带来很大的变化。没有佛寺以前，在中国古代的城市里，主要的大型建筑只有皇帝的宫殿、贵族的府第，以及行政衙署。这些建筑对于广大民众而言都是戒备森严的禁地，而且在建筑形象上，和广大民众体量矮小的住宅形成了鲜明的对比。可以想象，旧的城市景观是比较单调的。但是，有了佛寺建筑以后，在中国古代的城市里，除了那些宫殿、府第、衙署之外，也出现了巍峨的殿堂，甚至出现了比宫殿还高得多的佛塔。这些寺院还丰富了城市的生活，因为人们可以进去礼佛、焚香，可以在广阔的庭院里休息交往，可以登到佛塔上面瞭望。可以说，尽管这些佛寺是宗教类建筑，它们却起到了后来城市公共建筑的作用。同时，这些寺院也起到了促进商业贸易的作用，因为古代中国的佛寺也同古代希腊的神庙、基督教教堂前的广场一样，成为人们交换生产生活用品的市集。如果我们想了解佛教兴盛时期北魏洛阳的城市景观是怎么个样子，可以通过《洛阳伽蓝记》的文字描述展开想象，据说当时洛阳寺院上千，《洛阳伽蓝记》就记载了其中主要的43所。从这本书中我们可以想象得出，当时洛阳成片高高低低的屋顶跟绿树渗透在一起，浮屠相望，散立其间，极为壮丽。即使像明清北京城这一"城市计划的无比杰

作"[1]，若没有妙应寺白塔和北海白塔这类佛教地标建筑耸立其中，城市景观和城市天际线恐怕也要逊色不少吧，就好像佛罗伦萨失去了圣母百花大教堂的穹顶。

我们今天倍加推崇的江南景观又如何呢？杜牧写道："千里莺堤绿映红，水村山郭酒旗风。南朝四百八十寺，多少楼台烟雨中。"[2]有声有色，风送酒香，楼台烟雨，清新湿润，秀丽无比。这已经不仅是城市景观了，而且是江南的大地景观。《庄子·知北游》中说"天地有大美而不言"，烟雨楼台使天地也可以言说其美了。注意这里的"楼台"，讲的是"寺楼"。杜牧还有一首诗说："秋山春雨闲吟外，倚遍江南寺寺楼。"[3]诗中讲得清清楚楚。

到了唐代，佛寺向城郊走，进到山里，逐渐上山。佛寺进山上山，也许是交通有条件了，社会也比较安定，另外虔诚的信众多了，肯走大段的路去朝山拜庙。王维的诗："不知香积寺，数里入云峰。"[4]唐代开始，寺院普遍具有了公园的性质，很多寺院还辟有专门的园林庭院，经常会在特定的时间向公众开放。不辞路途遥远，到山里的寺院去，更具有了郊游的性质。寺有园，寺即园，寺在风景之中了。北京西山佛寺依然秉持了这一传统，潭柘寺、大觉寺、碧云寺等均以寺庙园林著称。

因此，佛寺的建筑不仅大大丰富了城市的景观，而且在原野山林之中，佛寺建筑丰富了整个中国的风景线。许多著名的寺院都是选择在著名

----

[1]　梁思成著，林洙编：《梁》，中国青年出版社，2013年，第257页
[2]　萧涤非、程千帆、马茂元、周汝昌、周振甫、霍松林等撰：《唐诗鉴赏辞典》，上海辞书出版社，1983年，第1070页，杜牧诗《江南春 绝句》。
[3]　萧涤非、程千帆、马茂元、周汝昌、周振甫、霍松林等撰：《唐诗鉴赏辞典》，上海辞书出版社，1983年，第1062页，杜牧诗《念昔游三首（其一）》。
[4]　萧涤非、程千帆、马茂元、周汝昌、周振甫、霍松林等撰：《唐诗鉴赏辞典》，上海辞书出版社，1983年，第153页，王维诗《过香积寺》。

很难想象没有北海白塔的北京城市景观

的风景区里建造起来的。我们今天可能已很难分辨是寺院选择著名风景区来建造，还是风景区因寺院而著名了。我们只知道原来美好的山林环境，有了这些寺塔，就更加秀丽幽雅。我们今天的确很难想象，如果没有玉峰塔，玉泉山会是什么景象，而以之为借景的颐和园昆明湖也将大为失色。寺院本身除了宣扬佛法之外，同时也吸引了无数游人特别是许多诗人、画家，为无数诗人、画家提供了创作灵感。诗人、画家的创作反过来又赋予了这些寺塔以深厚的感情。"深山藏古寺"已深深地融入中国的山水文化中，天地景观中。

西山文脉

古刹寻幽

第一章　历史的风烟

古刹寻幽

北京从商周时期的蓟与燕算起，已有3000多年的建城史，秦汉隋唐时期一直是统一的中原王朝的北方政治、军事重镇，为汉族与北方少数民族之间经济、文化交流的汇合要津。辽代把这里确定为五京之一，金、元、明、清更是建都在这块古老的土地上，使北京成为全国的政治中心和文化中心，创造了辉煌的城市文明。在北京浩繁的古代建筑遗产中，宫殿、坛庙、园林、陵墓等皇家建筑固然辉煌壮丽，以四合院为代表的住宅建筑亦极具地域特色，但就其单体的数量和分布的广泛来讲，无法与庞大的宗教建筑相比拟，其中尤以佛教寺院居多，历史也最为久远。

东汉时期佛教从印度经西域传入中国，并在中原和江南一带流行。东汉明帝（57—75年在位）曾派人到印度求法，指定洛阳白马寺庋藏佛经，白马寺也成为最早见于我国史籍的佛教建筑。"寺"本来是政府机构的名称，从此以后便用作佛教建筑的专称。汉代的人很重视神仙方术，佛教初传并未受到社会上的重视，大约也被看作某种神仙方术。为了能够立足中土，佛教徒开始用汉文翻译佛经，并在其教义和哲理中融会一些儒家和老庄的思想，使其在一定程度上适应汉民族的文化心理结构，以佛理而入玄言，于是文人阶层也盛谈佛理。可以说，佛教从传入中国开始，就朝着中国化的方向前进了。

从东汉末年，经三国、两晋到南北朝，是我国历史上政治不稳定、战争破坏严重、国家长期处于分裂状态的一个阶段，在这300多年间，社会生产的发展比较缓慢。面对如此长期的动乱不安，历来作为社会纲纪的儒家思想，已无法满足人心的需求，而新近传入的佛教，却适时地为饱受苦难的人们提供了精神慰藉，使佛教一时大为盛行，深深影响了此后千百年的中国。佛教的盛行引起佛教建筑的发展，作为佛教建筑的寺院、石窟、佛塔大量出现，由城市及其近郊而遍及于远离城市的山野地带。北魏笃信

佛教，迁都洛阳后寺院的建置陡然大量增加，最盛时城内及城郭一带梵刹林立，《洛阳伽蓝记》这样描述："于是昭提栉比，宝塔骈罗，争写天上之姿，竞摸山中之影。金刹与灵台比高，广殿共阿房等壮。"[1]南朝的建康（今江苏南京）是当时南方佛寺集中之地，例如，南朝的梁武帝把佛教当作"坐致太平"的手段，大力扶持寺院的发展，多次亲自到寺院舍身。故唐代诗人杜牧才有"南朝四百八十寺，多少楼台烟雨中"的诗句。北朝则在开凿石窟等方面花费了大量的人力、财力，现存我国著名石窟，如敦煌、云冈、龙门、天龙山等，都肇始于这一时期，其建筑与艺术的造诣都达到很高水平。

隋唐时期，最高统治集团采取儒、道、释三教并用的方针，佛教也进入鼎盛时期，寺院经济得到高度发展，译经的规模和水平空前绝后。这个时期，佛教的理论由依附汉文的译经，演变为独立的解释和演绎，因而建立起多种独立的体系，而适应中国情况的礼仪法规也基本完成，于是便形成了天台宗、律宗、净土宗、禅宗、密宗等汉化佛教中的大小宗派，并传到朝鲜半岛、日本和越南。至今日本和韩国的各宗派佛教徒，仍把本宗派的中国创始寺院称为祖庭，参拜不绝。

从隋唐到宋代，一方面，佛教向着世俗化进展，更加深入民间，四大著名菩萨巩固了五台山、峨眉山、普陀山、九华山四大名山道场，就是佛教信仰普及化、世俗化和进一步汉化的明显标志；另一方面，经过汉化的佛教思想明显地在文人阶层中产生了较大影响，这是一种文化上的接触，并主要通过文人阶层影响到哲学、文学、艺术、科学等领域。

---

[1] [北魏]杨衒之撰，周祖谟校释：《洛阳伽蓝记校释》，中华书局，2013年，第21~22页。

云冈石窟位于山西大同武周山，依山开凿，共有50多个大窟及无数小窟，大小
造像5万多尊，为世界罕见之佛教奇迹

　　宋代以后，佛教寺院殿堂布局和寺院中的造像也逐步形成定制，汉化
佛教至此基本成熟和定型。佛教的传入，不仅为我国古代社会文化和思想
的发展带来了深远的影响，并且为我们留下了丰富的建筑和艺术遗产，如
殿阁、佛塔、经幢、石窟、雕刻、塑像、壁画等。

竞起浮屠

　　自东汉佛教传入中国直至魏晋南北朝时期，佛教以洛阳为中心向四周

扩散传播，北京位于中原地区的最北端，接受佛教稍微晚一些，传统的说法是"先有潭柘寺，后有幽州城"[1]，推断北京地区最早的佛寺当属西晋时在西山创建的潭柘寺。但历史事实并非如此，根据《顺天府志》《日下旧闻考》及许多地方志的记载，东汉时期佛教就已经传入北京地区，而且出现了不少寺院，比如北京昌平旧城西南有东汉修建的香林寺，怀柔喇叭沟门满族乡有东汉修建的昙云寺，密云云峰山有东汉修建的超胜庵，门头沟灵水村有东汉修建的灵水寺，房山西南六聘山有东汉修建的天开寺，海淀后山妙高峰下有东汉修建的法云寺，平谷丫髻山有东汉修建的云泉寺，但以上寺院大都无存。这样看来，潭柘寺只能说是北京地区现存最完整最古老的寺院。现在所掌握的文献资料中，还没有关于北京城区有东汉寺院的记载，所以北京地区早期寺院大多分布在西部的西山山区和北部的燕山山区。

潭柘寺始建于西晋永嘉元年（307年），位于北京市门头沟区东南部群山环绕的宝珠峰南麓，因有龙潭和柘树，故此山又称潭柘山，寺随山名，称为"潭柘寺"。潭柘寺距今已有1700多年历史，《春明梦余录》载："潭柘寺，晋曰嘉福寺，唐曰龙泉寺，旧志谓有柘千章，今无矣，燕人谚曰，先有潭柘，后有幽州，此寺之最古者也。"[2]金皇统年间潭柘寺改称大万寿寺。元代潭柘寺香火很旺，为西山首刹，经常有帝王后妃进香朝拜。元代末期，潭柘寺毁于战火。明永乐年间，来自日本的僧人无初禅师主持潭柘寺修缮事务。明正统三年（1438年）又大兴土木，扩建寺院。明弘治十年（1497年），再次整修潭柘寺，使潭柘寺基本上奠定了今日所见之规模。清代康熙皇帝曾3次游幸潭柘寺，赐金重修，并御笔题额"敕建岫云禅寺"。

[1] [明]刘侗、于奕正著，孙小力校注：《帝京景物略》，上海古籍出版社，2001年，第456页
[2] [清]孙承泽著，王剑英点校：《春明梦余录》，北京出版社，2018年，第1268页

潭柘寺山门题额"敕建岫云禅寺"，为清康熙皇帝御笔

　　潭柘寺建筑依山势而造，坐北朝南，背倚宝珠峰，周围九峰环列，山麓清泉潺潺，树木繁茂，充分体现了我国"深山藏古寺"的传统。整个寺院总体布局紧凑严整，分中、东、西三路，与周围自然风物及山势交相融汇。中路依次排列牌楼、山门、天王殿、大雄宝殿、三圣殿、毗卢阁。大雄宝殿是潭柘寺内的主体建筑，面阔五间，重檐庑殿顶，上覆黄琉璃瓦绿剪边。三圣殿虽已不存，其殿前东侧植银杏一株，枝干探天，茎可数围，据传为辽时所植，迄今已逾千年，清乾隆皇帝封其为"帝王树"，西侧亦植银杏一株，乃后人补植于此，称为"配王树"。西路之楞严坛、戒坛、观音殿、龙王殿、祖师庵、大悲坛、写经室等，单体虽不宏阔雄伟，却以排列有序、院落严整彰显出建筑组群的庄严肃穆、气势堂皇。其中楞严坛乃旧时寺内高僧讲授《楞严经》及每年举行"楞严法会"之所，为重檐圆攒尖顶建筑，踞于八角形汉白玉须弥座台基之上，形式独特。东路为清代皇家行宫，另有方丈院、延清阁、地藏殿、圆通殿、竹林院等，碧瓦

朱栏，修竹丛中有潺潺流泉，曲径通幽以取佛家之清凉境界。院中有流杯亭，亭内地面凿一蟠龙形沟渠，此乃因袭汉魏以来暮春修禊"曲水流觞"之风俗，妙高庄严的佛境之中又融入了中国传统文人追求的诗画情趣。

潭柘寺山门外半里许有塔院，内有金元以降，乃至明清时期的僧人墓塔数十座，形制各异，加以塔院树木森蔚，古塔玲珑，掩映其中，别成一种景致。

439年，鲜卑拓跋氏消灭了黄河流域的北方诸国，结束了混乱的十六国局面，建立了统一的北魏政权。其在建都平城（今山西大同）时，就大兴佛寺，开凿云冈石窟；迁都洛阳后，又在洛阳伊阙开凿龙门石窟。到北魏末年，北方佛寺达3万多所，当时北方佛教比南方更盛。后来北魏分裂为东魏和西魏，东魏又被北齐取代，西魏被北周取代。这个时期的北京仍称幽州，治所在蓟城，先后归北魏、东魏和北齐管辖，是佛教兴盛的地区之一。这期间，虽然经历北魏太武帝的灭佛运动，寺院数量有所减少，但之后不久又大兴佛教，寺院数量又开始增加。

今广安门外的天宁寺相传为北魏孝文帝时期创建，初名光林寺，之后又数易其名。明代定名天宁寺，历千年风雨，屡毁屡修。今天，天宁寺内能让我们目睹的最古老建筑为辽代的天宁寺塔。北京房山区上方山的山林，是当时佛教活跃的地区。文人名士多与僧侣交游，使幽州文化中带有了较浓厚的佛教色彩。当时幽州各处都兴建佛教寺院，并雕造了很多精美的佛像。光林寺系北魏孝文帝太和年间所创建，其寺"依峰带涧，面势高敞"，是幽州名刹。北魏太和造像，雕刻年代是北魏太和二十三年（499年），距今已有1500多年，是北京境内保存最完整、年代最久、文物价值最高的带有彩绘的石佛像，曾经供奉在山峦平缓蜿蜒、林木丛密如画的凤凰岭石佛殿方石亭中，现藏于首都博物馆。东魏元象元年（538年）幽州刺

古刹寻幽

史尉苌命兴建尉使君寺。

　　魏晋南北朝时期建于山地的寺庙往往有附属园林，称为寺观园林，它与皇家园林、私家园林一起成为中国古典园林的重要类型。

盛世梵音

　　隋朝统一中国，结束了长期战乱和南北分裂的局面。唐朝前期更有百余年全国统一和相对稳定的局面，为社会经济文化的繁荣昌盛提供了条件。唐中叶开元天宝年间社会经济文化达到极盛时期，虽然"安史之乱"以后开始衰弱下去，但终唐之世，仍不愧为我国封建社会经济文化的发展高潮时期。

　　佛教经魏晋南北朝的广泛传布，到隋唐时期达到了普遍兴盛的局面，佛寺遍布全国。佛教的13个宗派都已经完全确立。佛寺的建筑形制已趋于完善，大型寺院往往形成连宇成片的庞大建筑组群，包括殿堂、寝膳、客房、园林四部分功能分区。这一时期的城市，市民居住在封闭的坊里之内，缺少供市民进行公共活动的场所，这样佛寺在进行宗教活动的同时也开展社会公共活动，成为各阶层市民社会交往的公共中心，因而会更加重视寺院景观环境的经营，许多寺院以园林之美和花木的栽培而闻名于世，文人们都喜欢到寺院以文会友、吟诗、赏花。佛寺不仅在城市兴建，还遍及郊野，凡是风景优美的地方，尤其是山岳风景地带，几乎都有佛寺的建置，所谓"天下名山僧占多"。

北京房山区白带山下的云居寺

　　唐代的20位皇帝中，除了唐武宗之外，其余都提倡佛教。随着佛教的兴盛，寺院的地主经济也相应地发展起来，寺院拥有大量田产，相当于地主庄园的经济实体。田产有官赐的，有私置的，有信徒捐献的，高级僧侣过着大地主一般的奢侈生活。由于农民大量依附于寺院，百姓大量出家为僧尼，影响了政府的赋税、劳役和兵源，以至于酿成唐武宗时期的"会昌灭法"。但是不久之后，佛教势力又恢复旧观。

　　隋唐时期是北京地区（隋改称"涿郡"，唐复称"幽州"）佛教的昌盛时期，普遍建造寺院，规模也越来越大。隋文帝、唐太宗、武则天曾先后在此敕建舍利塔、悯忠寺和大云寺，为北京地区佛寺的兴建起到了重要的推动作用。

　　隋代北京地区一件重要的佛教事件是开始镌刻房山石经。白带山的名字源于山巅为白云所萦绕，山下的那座寺院叫作云居寺，始建于隋

代。从隋朝至今1400年来,它建了毁,毁了又建。大西山东麓,拒马河北岸,这一山一寺都以云得名,白云千载空悠悠,而这山和寺却证明了人的坚韧能够守护千年时光。云居寺留存着近1.5万块历代石经,这些字数以亿计的大藏佛典被称为"房山石经"。它们由隋、唐、辽、金、元、明各朝相继雕刻而成,刻经的数量之多,时间之长,旷古绝今。房山石经不但是中国佛教文化史的百科全书,还涉及思想史、社会史、绘画史、语言史、音韵学史等诸多领域,是国之重宝,人们常将房山石经与敦煌遗书相提并论。

那个最初把佛经刻在石头上的人,是隋代时一个年轻的沙门,名叫静琬。鉴于北周武帝灭佛焚经的教训,静琬秉承师嘱,刻经于石,密封岩

云居寺开山琬公塔,此塔为房山石经初刻者静琬大师之墓塔,塔侧有一株古树相伴

唐悯忠寺故址纪念柱

壑，以渡劫难。从隋炀帝大业年间起，在大西山的庇护下，静琬的刻经事业悄然开始了，后来得到皇家的重视并给予资助，刻经得以延续，云居寺得以创建。虚怀若谷的山林慷慨地容纳了僧侣和寺院，在云停留的地方，佛也停住了脚步。刻经事业历经隋、唐、辽、金、元、明6个朝代，绵延1000多年，几经劫难之后，终于刊刻佛经1122部，3572卷，14278块，分别藏于石经山9个藏经洞和云居寺地穴之中。明崇祯四年（1631年）刻经事业的积极支持者——著名书法家董其昌，在宝藏洞洞额题写了"宝藏"二字之后，洞门轻轻地被关上了。

　　云居寺为北京西山最著名的古刹之一，寺院坐西朝东，依山势而建，有中、南、北三路建筑。寺院中路前后共五进院落，六重殿宇，分别为天王殿、毗卢殿、释迦殿、药师殿、弥陀殿和大悲殿；南、北二路分布有僧

房、客舍和行宫院落，寺内现存唐塔7座，辽塔2座（其中南塔无存），整座寺院建制恢宏，气象非凡。

唐代的幽州城是当时的军事重镇和商业重邑。悯忠寺就是今天法源寺的前身，是唐太宗为了纪念阵亡的将士，于贞观十九年（645年）下旨，意在幽州城东南隅修建，但直到武则天万岁通天元年（696年）才最终建成。此寺虽经历代改建，但其基本格局和位置未动，为我们留下了一座北京城内历史最悠久的佛教寺院。寺建成后，唐天宝十四年（755年）安禄山在寺东南隅建塔一座。两年后，史思明为安禄山称帝并定都幽州，在寺之西南隅又建一塔，形成寺前双塔对立的格局。金代曾以此寺作为女真进士考场。后来，北宋钦宗皇帝被金人掳至燕京，曾被关押在寺内。

根据相关史料记载统计，唐代幽州城区与郊野山地兴建的佛寺不下百座，这些寺院多集中于今北京房山区白带山、幽州城区和今天津蓟州区盘山，呈三足鼎立之势分布，并分别以雕刻石经、弘扬律学和传播禅宗而各具特色，显露出唐代幽州佛寺鲜明的文化内涵。

唐代于幽州西山初建的佛寺以马鞍山慧聚寺（今门头沟区戒台寺）、寿安山兜率寺（今海淀区卧佛寺）最为有名，至今依旧是西山名刹。

唐高祖武德五年（622年）一位以戒行见称的高僧智周，选中了今门头沟区马鞍山麓一处松柏繁茂的山坳，创建了一所寺院，时称慧聚寺。辽代，道宗皇帝誉其为"行高峰顶松千尺，戒净天心月一轮"[1]，并钦命高僧法均于该寺建立戒坛，广度四众。元朝末年，寺院被火烧毁。明正统六年（1441年），高僧如幻主持重修了戒坛殿，形成了今天的寺院格局。明正统十三年（1448年），明英宗赐额"万寿禅寺"，并敕令如

[1]《建筑创作》杂志社主编：《走进北京寺庙》，天津大学出版社，2008年，第64页

幻于寺内说戒，从此"戒台寺"或"戒坛寺"之名流传下来，取代其正名。戒台寺现为北京西山著名古刹之一，寺内因拥有全国最大的佛寺戒坛而久负盛名。

今之戒台寺坐西朝东，依山就势，建于山麓缓坡之上，布局别致，逐层升高，寺内主要建筑沿两条东西向轴线依次建造而成，此平面格局有辽代遗风。大雄宝殿一组位于南侧偏前，由地势低处渐次升高，轴线上依次为山门、天王殿、大雄宝殿、千佛阁和观音殿。戒坛殿一组位于北侧偏后，建于石砌高台之上，戒坛位于寺西北的戒台殿内，概为明代建造，平面正方形，汉白玉砌筑，分3层，高约3.5米，底层边长23米，坛四周雕镂莲瓣、祥云等图案，与杭州昭庆寺、泉州开元寺戒坛并称"中国三大戒坛"。

戒坛院前有塔院，内有辽代、明代墓塔，保存完好。戒坛殿四周多为小型庭院，其中北宫院又称牡丹院，清末恭亲王奕䜣曾在此隐居。院分两进，庭前叠山精巧，松柏葱郁，与殿宇古塔相称，愈显空寂清幽，后院广植牡丹，包括绿牡丹、黑牡丹等珍稀品种，甚为名贵。戒台寺内的松柏花木远在明代就已蜚声京华，素有"潭柘以泉胜，戒台以松名。一树具一态，巧与造物争"[1]之誉。寺内古松多为辽金时所植，虬曲奇绝，可坐可卧，旧时文人骚客常以在此"卧松巢饮"为雅事。千佛阁遗址及戒坛院前的"戒台五松"——活动松、卧龙松、自在松、抱塔松、九龙松，更是盛誉不衰。

万佛堂孔水洞位于房山区西北云蒙山南麓河北镇万佛村西约200米处，

---

[1] 《建筑创作》杂志社主编：《走进北京寺庙》，天津大学出版社，2008年，第68页。

创建于唐代宗大历五年（770年），为唐幽州卢龙节度使朱公所建，原名龙泉寺，后改大历禅寺，历代重修。万佛堂依山就势建在孔水洞出水口的墩台上，坐西朝东，为青砖发券的无梁殿。佛堂雄伟端庄，背靠高山，前有清泉。殿内正面和山墙下端镶嵌《万菩萨法会图》，画面内容丰富，正中释迦牟尼举手说法，两侧菩萨天王护持，飞天散花，伎乐演奏，左、右、上三面千佛像分层次布满石壁。此石雕雕工精湛，诸佛、菩萨、伎乐天人等万头攒聚，出没于山川云气间，是唐代浮雕艺术的珍品。万佛堂后即孔水洞，幽深莫测，洞内泉水涌流，清澈见底，洞口内石壁上有隋唐时期的造像和刻经。

戒台寺牡丹院的清恭亲王奕訢塑像

朝向太阳

契丹族原是游牧民族，唐末吸收汉族先进文化，逐渐强盛，不断向南扩张，五代时得燕云十六州，进入今河北、山西北部地区，与北宋对峙。辽占据幽燕地区之后，升幽州为陪都，改称南京，又称燕京。它的南面是宋、辽互市的榷场，北面通过榆关路、松亭关路、古北口路和石门关路等驿道与塞外交通，和高丽、西夏乃至西域都维持着商业联系。辽南京不仅经济繁荣，而且在辽、宋对峙的形势下军事战略地位十分重要，作为陪都又具有政治上的地位。

辽代帝王尽皆崇佛，契丹政权入主燕京后，统治者十分重视对佛教的保护和利用，景宗、圣宗、兴宗三代皇帝尤其宠信佛教，都亲自参加佛事活动，道宗时更达"一岁饭僧三十六万，一日而祝发三千"[1]的盛况。辽代佛教盛行，燕京成为辽的主要佛教中心之一，《契丹国志》上说，燕京"僧居佛寺，冠于北方"。宋人洪皓《松漠纪闻》记载，燕京大的寺院"三十有六"，小的庵院、佛舍难以数计。[2]

北京佛教寺院的迅速发展固然与当时契丹统治阶级的扶持和经济社会文化状况有密切关系，同时也得益于中原王朝"三武一宗"的4次灭佛运动。第一次灭佛运动发生在北魏太武帝太平真君五年（444年），第二次灭佛运动发生在北周武帝建德六年（577年），第三次灭佛运动发生在

---

[1] 王同祯著：《寺庙北京》，文物出版社，2009年，第52页。
[2] 王雪莲编著：《北京西山八大水院》，中国人民大学出版社，2018年，第114页。

唐武宗会昌元年（841年），最后一次灭佛运动是在后周世宗年间。唐武宗会昌灭法，废大、中寺院4600多所，小的庙宇4万多所，还俗僧尼充两税户的共26万多人，没收寺院田产数千万顷，解散寺院奴婢15万人。五代后周的周世宗柴荣为恢复经济，增加劳力，革除旧弊，再次实行灭佛政策，共废天下寺院3万多所，仅存2694所。虽都为时短暂，并且很快得到了恢复，但旧有的寺院、殿、塔受到了很大破坏。然而由于燕京地处中原的北疆边陲，受灭佛运动的影响相对较小，所以大量寺院有幸保存下来，许多中原僧侣北迁，这是燕京地区佛教发展的一个重要条件。辽代为了加强统治，大力扶持佛教。燕京的经济、文化发展情况为辽五京之首，加之佛教在这个地区本来就根植深厚，由此燕京佛寺的规模和数量均冠于北方。

辽代初期，在燕京创建的寺庙有悟空寺，辽统和十九年（1001年）改名"万寿禅寺"，后又改称太平寺、华严寺，后来又建仰山寺、传法院等。辽代中期，燕京城内著名大刹有开泰寺，"殿宇楼观，雄壮冠于全燕"；有昊天寺，规模仅次于悯忠寺；有旧址在今宣武门西南笔管胡同、号称四大禅院之一的竹林寺；有当时位于辽南京东北郊，在今中山公园之地的兴国寺；有今在西城区阜成门内的妙应寺（白塔寺）。城西北郊的西山、玉泉山一带的佛寺，大多依托于自然风景而成为皇帝驻跸游幸的风景名胜，如中丞阿勒吉施舍兴建的香山寺等。

辽代建筑是吸取唐代北方的传统做法而来的，工匠也多来自汉族，因此较多地保留了唐代建筑的手法，具有雄健浑厚的风格。从留下来的辽代建筑看，不论大木构架、装修、彩画，以至佛像，都反映出这一点，如天津蓟州区独乐寺观音阁和山门，山西应县佛宫寺释迦塔。契丹有崇拜太阳的习俗，以左为尊，皇帝的宫帐坐西朝东，无疑也影响了寺院的布局，在

复建前的香山寺遗址（武立佳摄）

北京西山经常会遇到坐西朝东的寺院，这些寺院大多是辽代所建，或辽代改建，或受到了辽代的影响，如前面提到的云居寺、戒台寺，还有阳台山大觉寺、香山碧云寺等。辽代的佛塔多数为采用砖砌的密檐式塔，楼阁式塔较少。密檐式塔平面多为八边形，外观极力仿木建筑，达到登峰造极的地步，柱、梁、斗拱、门窗、檐口等都用砖仿木构件，如山西灵丘觉山寺塔、河北易县泰宁寺塔、北京天宁寺塔。

辽南京城寺院众多，今天北京城区内唯一的辽南京建筑遗存即天宁寺塔，建于辽天庆九年（1119年）。塔为典型的密檐式塔，塔平面为八边形，密檐13层，通高57.8米。塔身修长，形态优美，耸入云天，每层系风铃，风吹铃动，音韵铿然。当时此塔处于辽南京城北部偏西，是城北一大胜景。此外，西南郊房山云居寺的北塔也是十分难得的辽代建筑遗存；西

北郊的阳台山大觉寺也是创建于辽代的著名大寺。

　　大觉寺是西山名刹，坐落于北京西北郊小西山山系的阳台山。寺后层峦叠嶂，林莽苍郁，前临沃野，境界开阔，以崇宏古朴和环境清幽享誉京师。寺始建于辽咸雍四年（1068年），名清水院，因水景之胜而得名，亦为金章宗时期著名的"西山八大水院"之一。明宣德三年（1428年）该寺得以重修扩建，易以今名。清康熙、乾隆年间又分别对其进行大修扩建，增建了四宜堂、领要亭等，遂成今日之规模。清道光年间，麟庆所著《鸿雪因缘图记》中描写道："垣外双泉，穴墙址入，环楼左右，汇于塘，沉碧泠然，于韧鱼跃。其高者东泉，经蔬圃入香积厨而下。西泉经领要亭，因山势三叠作飞瀑，随风锵堕。由憩云轩双渠绕溜而下，同汇寺前方池中。"[1]阳台山与西山毗连，风光秀丽，千余年前即是燕京胜迹，故有"旸台山[2]者，蓟壤之名峰，清水院者，幽都之胜境"[3]之誉，文人墨客乃至帝王将相，常会聚此地。

　　大觉寺布局坐西朝东，保持辽代东向"朝日"之俗。寺内建筑格局分三路，依山势层叠而上。中路六进院落，有山门、弥勒殿、大雄宝殿、无量寿佛殿、大悲坛、龙王堂等，左路有戒坛、四宜堂、憩云轩、领要亭等，右路为僧房。大悲坛后有舍利塔，喇嘛塔形制，形似北海白塔，古松环抱，玲珑秀丽。整座寺院布局错落有致，殿堂古朴庄严，庭院清幽别致，曲径松风，叠石清泉，意趣非凡。

　　大觉寺内四宜堂前植玉兰两株，逢春怒放，芳香袭人。寺院内外杏花极多，在清代，每年春季，京城人物多到此看杏花，其中包括进士及

[1] 周维权著：《中国古典园林史（第三版）》，清华大学出版社，2008年，第698页
[2] 旸台山，即今阳台山，位于北京市海淀区苏家坨镇
[3] 王南著：《北京古建筑（下册）》，中国建筑工业出版社，2015年，第69页

第者，三鼎甲更要来，因为中状元之时，正值杏花开放，所以多要来此一游，赋诗咏景，以纪念他们的登科之日。其实早在唐代，进士及第者就有到寺院游览赋诗的传统，比如唐代进士及第者有登大雁塔题名的风俗，称为"雁塔题名"，成为历代相传的佳话，白居易即曾登塔题名。仲春之际，杏花春雨，玉兰清幽，赴大觉寺观玉兰赏杏花，是为盛事。在这座寺院内，曾有一件极重要而又令人伤心的事情，不可不知。那就是清咸丰年间，英法联军入侵北京，城下之盟所定的开放南方几个口岸的不平等条约，就是在此寺签的字。签字之亭尚在，昔人有句云"击破金汤是此亭"。

大觉寺领要亭，始建于清雍正年间，清乾隆皇帝曾赋诗"山水之趣此领要，付与山僧阅小年"，亭名由此得来

走向精致

　　女真族建立的金朝先后灭了辽和北宋，海陵王于1153年正式自上京会宁府迁都到燕京，改燕京名为中都。金中都仿照北宋都城汴梁的规制，在辽南京城的基础上扩建而成。金军攻下北宋汴梁城后，掠夺文物、财富和技术人才以充实中都的建设力量。同时，金王朝加速在政治、经济和文化上全面汉化，国势日益强盛。到金章宗时，版图已扩张到中原、淮北。金中都成为中国北方政治、经济和文化中心。当时南宋使臣访问归来，多有描述中都的城市繁荣、宫苑壮丽的文章，范成大《揽辔录》云："工巧无遗力，所谓穷奢极侈者。"[1]

　　与辽代契丹贵族的狂热崇佛不同，金代统治者对佛教采取的是既保护利用又适当控制的态度，在提倡支持佛教的同时，不允许其势力和影响超过皇权的威望。整体而言，金中都地区的佛事活动和佛教寺院，仍十分兴盛，其原因是辽南京时期的佛教极为兴盛，金代虽有所控制，但不能立即使之衰落，加之金王朝统治者也需要在本地区影响较深的佛教起到辅助教化作用。同时，由于金代建筑既沿袭了辽代传统，又受到宋朝建筑的影响，所以金中都的佛教寺院出现了一些新的建筑特点，特别是都城远郊的一些寺、塔建筑，融汇了中原地区的某些特点和风格，更为壮观秀丽。金末元初的诗人杨弘道在《中都》七律诗中写道："龙盘虎踞古幽州，

---

[1]　潘谷西主编：《中国建筑史（第六版）》，中国建筑工业出版社，2009年，第46页。

甲子推移仅两周。佛寺尚为天下最，皇居尝记梦中游。"[1]由此可知金中都的寺院兴盛之状。

金中都的寺院，著名的有圣安寺、庆寿寺、弘法寺、寿圣寺、永安寺、福圣寺、资福寺、龙泉寺、永庆寺、十方观音院、昊天寺等。这些寺院中不少都有独立的小园林建置，或者结合寺院的内外环境而进行园林化的经营，有的则开发成以寺院为主体的公共活动中心。城东北郊的庆寿寺，环境幽静清雅，寺内树木繁茂，还有清溪、红蕖等水景，可见寺院环境之一斑。在中都郊区及下属州县，所建寺院有昌平银山法华寺、十方义济道院，怀柔大明寺，平谷净宁寺，通州永庄寺、靖安寺，香河崇寿寺，安次广福寺、宁国寺、灵岩寺，永清永庆院等。

中都西北郊的西山一带在唐、辽时即为寺院荟萃之地，金代又陆续修建、扩建大量寺院，其中香山寺的规模尤为巨大。香山为西山的一个小山系，据金代李宴《香山计略》："相传山有二大石，状如香炉，原名香炉山，后人省称香山。"香山寺原为辽代中丞阿勒吉所施舍，金章宗大定年间对其加以扩建，改名永安寺。附近有金章宗的"祭星台""护驾松""感梦泉"等。感梦泉是一处泉眼，相传金章宗以香山缺乏佳饮为憾事，乃祷于天，夜梦发矢，其地涌出一泉。既醒，乃命侍者往觅，果有泉汩汩出。汲之以进章宗，品尝之，甘冽澄洁，迥异他泉，遂命名为感梦泉。之后，结合永安寺和其他寺院、名胜的经营而建成"香山行宫"，金章宗曾数度到此游幸、避暑和狩猎，此为金章宗"西山八大水院"之一的"潭水院"。

金朝皇帝非常有趣，他们绝大多数时间与宋朝为敌，征战不断，但他

[1] 王雪莲编著：《北京西山八大水院》，中国人民大学出版社，2018年，第117页。

们骨子里又对中原文化十分崇拜。金章宗完颜璟崇尚儒雅，精绘画、知音律、擅诗词，写得一笔漂亮的"瘦金体"，骨子里膜拜宋徽宗，兴建庙宇楼堂，是金朝皇帝中汉化最彻底的一人。在他执政期间，国内一时名士层出不穷，大臣大都有文采，有能力的官员和耿直的大臣得到任用，政治清明，文治灿然。但最终金王朝也是没落在追求精致艺术、追求雅致生活的道路上，被没有这般精致文化影响的蒙古人灭掉了。

金章宗还修建了玉泉山行宫，玉泉山行宫在中都西北郊的玉泉山，辽代既已草创。玉泉山以泉水闻名，泉水出石隙间，潴而为池。玉泉山山峰屹立，湖平如镜。金章宗在此修建行宫，于山腰处建芙蓉殿，并多次临幸避暑、行猎。玉泉山行宫是金代"西山八大水院"之一的"泉水院"，

金代"燕京八景"之"西山积雪"（武立佳摄）

也是"燕京八景"之一的"玉泉垂虹"之所在。"西山八大水院"是金章宗在西山一带的8处游憩之所，兼具行宫与寺院功能。"西山八大水院"除了上面提到的香山"潭水院"、玉泉山"泉水院"，还有大觉寺"清水院"、妙高峰法云寺"香水院"、翠微山双泉寺"双水院"、阳台山金山寺"金水院"、仰山栖隐寺"灵水院"、凤凰岭黄普院"圣水院"。金章宗还邀集文人学士游历中都，选出"燕京八景"，名为：太液秋风、琼岛春阴、道陵夕照、蓟门飞雨、玉泉垂虹、西山积雪、卢沟晓月、居庸叠翠。从此以后，北京西山一带遂逐渐发展为具有公共园林性质的佛教圣地。此外更有昌平银山塔林5座极为宏伟的金代砖塔，蔚为壮观。在门头沟潭柘寺塔林、白瀑寺等处也有金代砖塔数座。

金代与西山的关系，或者说对西山的经营，还有一件重要的事情必须提到。1153年4月17日，海陵王完颜亮到达燕京。4月21日下诏，正式自上京迁都到燕京，改燕京为中都大兴府。1153年4月21日，北京的建都史从这一天开始，金中都不仅站立在华北平原上，处于山与海的怀抱中，而且成为这个生活在东北白山黑水间的民族全面接受中原汉文化的象征。至此，完颜亮还没有罢手，他在酝酿一个更加大胆的计划，把先祖的陵墓从东北老家迁到中都，显然，他和他的政权再也不打算回东北的白山黑水了。

金代皇陵的选址要求十分苛刻。完颜亮把目光投向西山，投向太行山脉、燕山山脉与华北平原交界地带的那片土地——大房山深处的九龙山。这里紧邻太行山东麓大道——中原地区进入幽燕的重要道路。秦始皇东临碣石，曹操征讨乌桓，都从这里通过。辽、金、元、明、清各代，这里更成为"京门锁钥""陆路之喉"，且"西南各省有事于京师者，无不取道于斯"[1]。

九龙山又称云峰山，山势奇秀。9条山脊奔腾而下，如同9条巨龙降下云端。中间的龙头下有一座云峰寺，正好坐落在九龙山前一块两三百亩大的台地上。两旁高山如屏，两股清澈的流泉终年不断。山的雄健，将庇护远道而来的灵魂。完颜亮下旨在这里建造皇陵并在山麓建设行宫。

但在历史的风烟中，金中都没能保留下它当年的盛况，金代皇陵也被夷平。蒙古大军纵火点燃了中都城。明朝末年，明熹宗朱由校面对后世女真人的崛起，命人破坏女真人的金陵，断龙脉，割龙喉，斩龙头，将金陵

[1] 祝勇著：《皇城北京》，海豚出版社，2013年，第44页

全部捣毁，以泄女真王气。今天，精心布局的皇家陵墓已退化成原始的石头，山谷间铺展的浩大陵园建筑已去向不明。只有零零散散的碎片，仿佛只言片语，述说着昔日的荣耀。金代皇陵是中国大地上现存为数不多的北方少数民族皇陵，也是北京地区年代最早的帝王陵，如今它们被西山隐匿起来，鲜为人知。

帝都气象

元灭金后，即筹划把都城从塞外的上都迁到中都。当时中都城经元军攻陷后，宫殿、民居大半被毁，而地处东北郊的万宁宫幸得保存。万宁宫即今北海，是金代皇帝的离宫御苑。元世祖忽必烈遂以万宁宫为中心另建新都，称为大都，这就是今天北京城的前身。

元朝放弃金中都城的原因，除了因战争破坏，宫阙已成废墟之外，更多的考虑则是城市的水源问题。原中都的莲花池水系的水源有限，随着城市不断发展，尤其是大量粮食输入京师的漕运任务大增，莲花池水系已难以承担。于是，营建大都选择了水量较丰富的高粱河水系作为城市水源，从而顺理成章地选择新址，重建新城。元大都的兴建在北京城市发展过程中是一个极其重要的转折点，它放弃了莲花池水系上历代相沿的旧址，而在其东北郊外选择新址，重建新城。元大都的兴建标志着北京城址的转移，这在北京城市发展史上无疑是一件大事。

明朝初年，大将军徐达攻占大都后，曾于1371年开始修筑城墙，将大

都城北部5里较为荒凉的部分划出城外，另建北城墙，并改名北平。明初定都南京，虽然接近东南经济中心，但不利于加强北方边疆的防御，同时我国封建社会后期政治中心逐渐北移，因此原封藩于北平的燕王朱棣以武力夺取帝位后，决定将都城从南京迁往北平。明永乐二年（1404年）改北平为顺天府，建为北京，北京由此得名。永乐皇帝营建北京城，是在元大都的基础上进行的，其放弃大都城北的一部分，将南城墙往南移少许，这就是北京的内城。明嘉靖三十二年（1553年），为了加强京城的防卫和保护城南的手工业和商业区，又在城的南面加筑外城，并将天坛及先农坛包围进去，这样就形成了北京城的最后规模。

明、清改朝换代之际，北京城并未遭到破坏。清王朝入关定都北京之初，全部沿用明代的宫殿、坛庙和苑囿，仅有个别的改建、增补和易名。宫城和坛庙的建筑及规划格局基本上保持着明代的原貌，皇城的情况则随着清初宫廷制度的改变而有较大变动。

元代以后，佛教寺院仍然不断兴建，遍布全国各地，寺院不仅在城镇之内及其近郊存在，而且相对集中在山野风景地区，名山胜水往往因寺院的建置而成为风景名胜区。其中，名山风景区占了大多数。每一处佛教名山都聚集数十所甚至百余所寺院。城镇的寺院刻意经营庭院绿化或设置独立的园林，郊野的寺院则更注重与其外围的自然风景相结合而经营风景园林化的环境，它们中大多数都成为公共游览的景点，或者以它们为中心而形成公共游览地。

元代，佛教和道教受到政府的保护，寺院数量骤增。大都城内，据《析津志》的记载就有庙15所、寺70所、院24所、庵2所、宫11所、观55所，共计187所，其中宫观主要为道教建筑。元代除了汉传佛教以外，原来盛行于西藏、蒙古一带的藏传佛教（俗称喇嘛教），经元代统治者提倡，也传入中原，中原也出现了喇嘛教寺院。例如，今天北京西四的妙应寺白

塔，就是位于元大都城内的一座喇嘛塔，系由忽必烈聘请尼泊尔建筑师阿尼哥设计建造。"妙应寺"是明代重修后更改的寺名，元代称为"大圣寿万安寺"。此后，喇嘛塔成了我国佛塔的重要类型之一。居庸关云台（过街塔）上，元代时曾建有3座喇嘛塔，体现了汉藏文化交融的特色。大都郊外的寺院以西北郊的西山、香山、西湖一带为最多，就寺院环境的经营而言，大承天护圣寺是比较出色的一例。大承天护圣寺位于西湖（今昆明湖的前身）的北岸偏西，始建于元文宗天历二年（1329年）。此寺规模宏大，建筑华丽，由于临水而建，所以寺院景观环境处理精彩，建筑与山水相得益彰，时人所谓"休夸天山瑶池，只此人间兜率"[1]。

明代，自明成祖迁都北京之后，随着政治中心北移，北京逐渐成为北方佛教和道教的中心，寺院建筑也有所增加。明永乐年间撰修的《顺天府志》登录了寺111所、院54所、阁2所、庵8所、佛塔26所、宫50所、观71所，共计322所。到了明成化年间，京城内外仅敕建的寺、观已达636所，民间建置的则不计其数。《宛署杂记》记述了当时翻修古刹、新建寺院的情况："予尝行经其居，见其旧有存者，其殿塔幢幡，率齐云落星，备极靡丽，如万寿寺佛像，一座千金；古林僧衲衣，千珠万佛，其他称是。此非杼轴不空、财力之盛不能也。又见其新有作者，其所集工匠、夫役，歌而子来，运斤而云，行缆而织，如潭柘寺经年勿亟，香山寺、弘光寺数区并兴。此非间左无事，遭际之盛不能也。又见其紫衫衣衲、拽杖挂珠，交错燕市之衢，所在说法衍乐，观者成堵，如戒坛之日，几集百万，倏散倏聚，莫知所之。"[2]

---

[1]　周维权著：《中国古典园林史（第三版）》，清华大学出版社，2008年，第438页
[2]　周维权著：《中国古典园林史（第三版）》，清华大学出版社，2008年，第438页

今日香山寺（武立佳摄）

北京明代的佛寺很多均为太监创建或重修。太监为何修寺院？因为他们老无所依，因为他们对今生悲惨命运的痛苦感受，也因为他们希冀为来世修福。尤其明正统以后，由于宦官干政，滥发度牒，一方面利用建造佛寺谋取私利，另一方面通过大建寺院为来世积累功德。例如京西定慧寺（今北京西四环的定慧桥因此寺得名），最初建于明宣德十年（1435年），由内官太监申用所建，当时募化3000多金，从香山乡垂杨柳村民手中置地1顷80亩，并请一位叫静允的僧人住持。申用募捐的目的就是为将来出宫的年老体衰的太监们营建一处栖身之所。后来，明正德年间的大太监张永继续增华扩建，定慧寺迅速演变为京西大寺，统领西山一带众多小寺，鼎盛时，殿宇数十座，僧人千余，再加上收留的退休太监，一时人头攒动，香火旺盛。

现存明代北京的寺院，以城内的智化寺和西山的法海寺为代表，从布局、木构架、彩画、内外檐装修、壁画等多方面反映了明代建筑技术和艺术的特征。

北京城的西北郊，因其自然风景之美而成为京郊的公共游览地。明初，从南方来的移民大量开辟水田，又增益了这一带宛若江南水乡的自然风光。明代又在西山、香山、翁山和西湖一带大量兴建佛寺，对西山的风景进行了历代规模最大的一次开发，当时有"西山三百寺，十日遍经行"的说法。这些为数众多的寺院中，有的由皇帝敕建，有的由贵族、皇亲、宦官捐资修建，现举几例明代西山名刹。

香山寺位于香山东麓，明正统年间由宦官范弘捐资70多万两，在金代永安寺的旧址上建成。此寺规模宏大，佛殿建筑壮丽，又与山林环境紧密融合。建筑群坐西朝东沿山坡布置，有极好的观景条件，所谓"香山晓苍苍，居然有禅意。一径杳回合，双壁互葱翠。虽矜丹碧容，未掩云林致。

凭轩眺湖山，一一见所历。千峰青可扫，凉飙飒然至。披襟对山灵，真心归释帝。兹游如可屡，无问人间事"[1]。入山门即为泉流，泉上架石桥，桥下是方形的金鱼池。过石桥循长长的石级而上，即为五进院落的壮丽殿宇。这组建筑的左右两面和后面都是广阔的山林地段，散布着许多景点，其中以流憩亭和来青轩两处最为时人所称道。流憩亭在山半的丛林中，能够俯瞰寺院，仰望群峰；来青轩建在面临危岩的方台上，凭栏东望，玉泉、西湖以及平野千顷，尽收眼底。香山寺赢得当时北京最佳名胜之美誉："京师天下之观，香山寺当其首游也。"[2]

　　碧云寺位于香山寺之北的香山北隅，先后由宦官于经和魏忠贤分别于明代正德、天启年间，在元代碧云庵的基址上扩建而成，清代又进行增华扩建，始具今日之规模。寺内前部殿宇多有明代遗构，清乾隆十三年（1748年）兴建金刚宝座塔，同时建行宫和罗汉堂。1925年，孙中山先生在京病逝，曾于碧云寺后殿停灵，因而此殿后改为中山纪念堂。金刚宝座塔底部亦改为中山先生衣冠冢。明代的碧云寺环境清幽，尤以泉水取胜。从寺后的崖壁石缝中导引山泉入水渠，流经香积厨，绕长廊而出正殿之两庑，再左右折复汇于殿前的石砌水池。池内养金鱼千尾，供人欣赏。利用活水把殿堂院落园林化，这种别致的做法亦是因地制宜。《日下旧闻考》中引公乃《碧云寺诗》云："西山千百寺，无若碧云奇。水自环廊出，峰如对塔移。楼奇平乐观，苑接定昆池。"如果说香山寺的环境侧重在开阔，则碧云寺着意在幽静。所以，当时有"碧云鲜，香山古；碧云精洁，

　　[1]　[明]刘侗、于奕正著，孙小力校注：《帝京景物略》，上海古籍出版社，2001年，第340页

　　[2]　[明]刘侗、于奕正著，孙小力校注：《帝京景物略》，上海古籍出版社，2001年，第332页

碧云寺曲径通幽（武立佳摄）

香山魁恢"的说法。[1]

圆静寺在翁山（今颐和园万寿山）的南坡，面对西湖堤，明弘治年间由明孝宗乳母助圣夫人罗氏出资兴建。此寺据山面湖，因岩而构，甃为石磴，游者拾级而上，山顶有屋曰雪洞，俯视湖曲，平田远村，绵亘无际。《长安可游记》称赞其"左俯绿畴，右临碧浸，近山之胜，于是乎始"。圆静寺规模不大，仅有"精兰十余"，而且不久便破败为一所荒寺，但它依山傍水，环境幽静，境界开阔，在当时的北京西北郊不失为一个游览的去处。文人墨客也经常来这里题咏赋诗。

法海寺位于石景山区模式口峰峦绵亘、壑谷清幽的翠微山麓，其地山

---

[1] 周维权著：《中国古典园林史（第三版）》，清华大学出版社，2008年，第441页

泉清泠,松柏葱郁,景色宜人。此寺乃明英宗近侍太监李童首倡并募钱修建,明正统八年(1443年)竣工。明英宗朱祁镇赐寺名御笔"敕建法海禅寺",并亲颁《大藏经》一部,使法海寺成为京师西郊颇负盛名的皇家寺院。法海寺坐北朝南,自南向北沿山势而建,原由山门、天王殿、护法金刚殿、钟鼓楼、大雄宝殿、药师殿、藏经阁、祖师二堂以及云堂、厨库、寮房等组成,布局紧凑,规模崇宏,是研究明代佛寺格局的重要遗构。真正使法海寺至今蜚声宇内的,则是大雄宝殿内满壁风动、保存完好的明代壁画。法海寺壁画,无论从艺术品第、制作工艺、绘画技巧、人物造型,还是从画幅规模、保存完好程度而论,皆为明代壁画之最,堪称中国古典艺术的极致神品。

　　清代出于政治上的目的,对佛教也积极加以保护和扶持。清初的顺

法海寺大雄宝殿壁画为我国明代壁画之极品

治、康熙、雍正三位皇帝都崇信佛教，雍正尤重禅悦，亲自编纂了一部
《御选语录》，共19卷，为这些语录写了20多篇序文。乾隆也崇弘佛法，
刊刻了中国封建时代最后一部官刻《大藏经》，还将佛经翻译成满文和蒙
文。这个时期，总体而言佛教在中国的发展处于式微阶段。佛教以禅宗和
净土宗为首的各宗，在民间的流传已经失却唐、宋、明时期的势头，但由
于政府的倡导，新建、扩建寺院的数量仍然十分可观，其中不少是由皇家
敕建的。尤其重要的是，清代为了团结笼络蒙古族、藏族的上层人士而特
别扶持藏传佛教，兴建了大批藏传佛教寺院，仅内蒙古就有喇嘛庙1000多
所，加上西藏、甘肃、青海等地，总数更多。清顺治二年（1645年）开始
建造的西藏布达拉宫，既是达赖喇嘛的宫殿，又是一座巨大的佛寺，这
所依山而建的高层建筑，表现了藏族工匠非凡的建筑才能。受其影响，各
地藏传佛教寺院的建筑大体都采用平屋顶与坡屋顶相结合的方法，也就是
藏族建筑与汉族建筑相结合的形式。清代在五台山[1]、北京、承德等地也
兴建了许多规模巨大的喇嘛教寺院。承德避暑山庄是清代规模最大的皇家
园林，在其城墙外围，基于政治需要，清康熙、乾隆年间修建了庞大的喇
嘛教寺院群，希望获得庇佑，同时也借此与信奉喇嘛教的藏族、蒙古族联
盟，以维系相互之间的良好关系，巩固中央政权。

　　清代也为北京西山带来了具有异域色彩的藏传佛教建筑，这主要体现
在清代皇家园林里建置的佛教建筑。园林中设置佛寺是清代皇家园林的一
个特色。清代以前的皇家园林，以悠游享乐为主要目的，悠游享乐的最高
境界就是神仙之说。中国园林自起源而至宋元时期，神仙的想象与园林就
有密不可分的关系。但神仙之说在明代日渐式微，到了清代则退出了皇家

_____

[1]　五台山，在今山西忻州

清顺治年间在北海琼华岛山顶建造的白色喇嘛塔，使西苑三海为浓郁的宗教气氛所支配

园林主流。北海琼华岛上金、元时期代表神仙观念的广寒殿，于明万历年间坍塌而未再修复，直到清顺治年间，在广寒殿的遗址上，建造起属于藏传佛教的白色喇嘛塔。这是清代弱化皇家园林中神仙之说的一个标志性事件，白色的喇嘛塔象征了在皇家园林中以佛教寺院取代古老的神仙传统。自此以后，佛寺在清代皇家园林中不可或缺。在西苑三海中，琼岛之上的白塔，使整个园林景观为喇嘛教的宗教气氛所支配，北海的西北角更有三组寺院，自西到东分别为万佛楼、阐福寺、西天梵境。

　　集中体现清代皇家园林与佛教寺院紧密关系的例子是现位于河北的承德避暑山庄。永佑寺舍利塔，塔高65米，在避暑山庄湖区之北，是重要的景观点。避暑山庄附近山麓，清康熙时期已开始建寺，到清乾隆时期又建了6座，其中普陀宗乘之庙、须弥福寿之庙等都是规模庞大、十分壮观的藏传佛教寺庙，这些寺庙总称为"外八庙"（避暑山庄城墙外围

承德避暑山庄"外八庙"之普陀宗乘之庙

的寺院共有12座，其中8座寺院地位显赫，由朝廷直接派驻喇嘛并发放饷银，因位于避暑山庄之外，所以一般统称"外八庙"）。"外八庙"分别隔着武烈河与狮子沟两河，与避暑山庄形成若即若离的环伺关系，寺院群由西北至东南沿顺时针方向立有：位于狮子沟北侧的罗汉堂、广安寺、殊像寺、普陀宗乘之庙、须弥福寿之庙、普宁寺、普佑寺、广缘寺，以及位于武烈河东侧的安远庙、普乐寺、溥善寺、溥仁寺。这些寺院以蒙古王公为庆贺康熙皇帝六十大寿所捐建的溥仁寺为始，至乾隆皇帝七十大寿时为迎接西藏班禅喇嘛所建的须弥福寿之庙为终，前后历经70年的时间，才形成群寺环绕避暑山庄的态势。这些寺院不论形式、规制甚至寺名，都由皇帝决定，其浓厚的政治目的及崇高地位，非一般寺院所能相比。大规模、大体量、大尺度的佛教寺院成为拱卫避暑山庄的背景，避暑山庄竟处在这十数座寺院群之中，可见佛寺在清代皇家园林中的重要性。

同样，从清代在北京西山营造的皇家园林中，我们亦能强烈地感受到佛寺在这些皇家园林中的重要地位。清乾隆皇帝在北京西山修建清漪园，万寿山前山的主体建筑为大报恩延寿寺，直到今天寺中的佛香阁依然是控制全园的标志性建筑。在万寿山的后山，几乎与大报恩延寿寺轴线相接，也是一座规模庞大的藏传佛教建筑群"须弥灵镜"，正对北宫门。

玉泉山静明园，山上建筑有香岩寺和妙高寺。香岩寺的玉峰塔是玉泉山的标志，玉峰塔的建成，使玉泉山大为增色，"玉峰塔影"名不虚传。如今人们从昆明湖上西望，可见玉峰塔亭亭玉立于玉泉山上，成为颐和园的重要借景。妙高寺的妙高塔更是一座白色喇嘛塔，与玉峰塔在玉泉山上南北呼应。

玉泉山上的玉峰塔与妙高塔南北呼应，亦成为颐和园的重要借景，丰富了颐和园的景观层次

古刹寻幽

承德避暑山庄永佑寺舍利塔

藏传佛教的东移，自金、元就开始了，但真正生根是在清朝，清代皇帝也是藏传佛教的信徒，又可在政治上用其羁縻蒙古族、藏族等民族，所以清代皇家园林时常表现出蒙古族、藏族的特色，也为北京西山带来了新的文化元素。

北京西山历代所建的众多寺院，在历史的风烟中，或湮灭，或废弃，留存下来的大多是在清代经过了改建、扩建的，包括前文提到的潭柘寺、大觉寺、碧云寺、卧佛寺等我们今日所见的寺院面貌，都是经清代改建后的面貌。

明、清以来北京西山寺院的建筑十分注意选址与布局，精心经营寺院建筑与山水环境的关系，因此北京西山一带，无论是山地寺院还是平地寺院，几乎都成为游览的风景点。它们不仅是宗教活动的场所，也是游览观光的对象，吸引着文人墨客来此聚会，甚至皇帝也时有临幸驻跸。它们就个别而言，发挥了点缀局部风景的作用；就全体而言，则是西山风景得以进一步开发的重要因素。可以认为明、清以后，北京西北郊乃至整个西山作为风景名胜区之所以能够在原有基础上不断充实、扩大，从而形成比较完整的区域格局，与大量建置寺院及寺院环境园林化的经营是分不开的。

第三章　寺院的布局

古刹寻幽

寺院组成

（一）沿革

按中国传统习惯，一般祭祀神灵的场所统称为庙。佛教的庙宇，统称为寺院；道教的庙宇，统称为宫观。汉代时官署叫作"寺"，如太常寺、太仆寺、鸿胪寺之类。佛教传入中国汉地，是从东汉明帝刘庄派遣使臣前往西域，请来僧人摄摩腾、竺法兰等到洛阳而开始的。摄摩腾初到时，被招待在鸿胪寺。因为鸿胪寺是掌握宾客朝会礼仪的，其后政府为摄摩腾创立了馆舍，也以"寺"为名，叫作白马寺。后世佛教的庙宇因此称寺。一寺之中可以有若干院，其后建筑规模较小的寺便叫作"院"。比丘尼住的寺院多称作"庵"。

中国最古的寺院——洛阳白马寺的建筑已经过后代多次重建，东汉寺院的形制已无所存留。但据《魏书·释老志》记载："自洛中构白马寺，盛饰佛图，画迹甚妙，为四方式，凡宫塔制度，犹依天竺旧状而重构之……"[1]表明当时寺院布局仍按印度或西域式样，即以佛塔为中心的方形庭院平面。直至汉末笮融在徐州兴造的浮屠寺，亦复如此，《后汉书·陶谦传》提到，笮融"大起浮屠寺。上累金盘，下为重楼，又堂阁周回，可容三千许人"[2]。所谓"上累金盘"，就是顶上用金属做的塔刹；"重楼"

---

[1] 潘谷西主编：《中国建筑史（第六版）》，中国建筑工业出版社，2009年，第152页
[2] 同[1]

就是汉代的多层木结构建筑，这正是后来中国佛塔的基本式样。这些初期寺院依印度式样，没有大殿，最主要的建筑是从印度传入的塔，内藏高僧舍利。佛塔位于全寺中央，四周围以僧房，供僧众学经、生活之用。稍后才出现供奉佛像的大殿，位于塔后，形成"前塔后殿"之布局。只是寺塔的木楼阁结构与四周的回廊殿阁，却已逐渐改为中国建筑的传统式样了。总的来说，目前对汉代佛教建筑所知的情况极少。

佛教在两晋、南北朝时期得到很大发展，大量的寺院、石窟和佛塔得以建造。据文献记载，仅北魏洛阳城内外，就曾建寺1200多所；南朝建康一地，亦有庙宇500多处之多。现存我国著名石窟，如敦煌、云冈、龙门等，都是肇始于这一时期。由于这一时期实物和文献的增加，使我们能对当时的佛教建筑有较多的了解。例如北魏洛阳的永宁寺，是由皇室兴建的极负盛名的大刹，此寺的主体部分是由塔、殿和廊院组成，并采取了中轴对称的平面布局。其核心是一座位于三层台基上的九层方塔，塔北建佛殿，四面绕以围墙，形成一区宽阔的矩形院落。院的东、南、西三面中央辟门，上建门楼；院北侧则置简单的乌头门。其余僧舍等附属建筑千间，分别配置于主体塔院之后与西侧。寺墙四隅建有角楼，墙上覆以短椽并盖瓦，一如宫墙之制。墙外掘壕沟环绕，沿沟栽植槐树。由此可见，此寺的主体部分仍使用塔院，仍然是"前塔后殿"的布局方式，意在突出佛塔这一主体。此种平面布局，在受我国影响较大的朝鲜和日本，还可以看到若干遗例。我国山西应县佛宫寺也保留了这种"前塔后殿"的布局方式，辽代所建的释迦塔在寺院布局中处于绝对支配地位。这一时期佛教寺院的另一类布局是以殿堂为主，为数亦很多，特别是"舍宅为寺"的寺院，为了利用原有房舍，常以前厅为佛殿，后堂为讲堂，例如北魏洛阳的建中寺即是如此。

隋、唐、五代至宋，是中国佛教的另一大发展时期。虽然其间曾出现过两次灭法，但为时短暂，并且佛教发展很快就得到了恢复。在佛经学说方面，自西晋以降，大乘佛教逐渐占据上风，随之出现了许多宗派，佛学思想的研究达到了空前的繁荣，但这些对中国佛教建筑的形制与布局并未带来具有决定性的影响。

　　据敦煌壁画等间接资料表明：隋、唐时期较大佛寺的主体部分，仍采用对称式布置，沿中轴线排列山门、莲池、平台、佛阁、配殿及大殿等，其中殿堂已逐渐成为全寺的中心，而佛塔则退居到后面或一侧，自成别区塔院，或建作双塔，矗立于大殿或寺门之前。塔在寺院中退居次要地位，而突出了佛殿，表明信众膜拜的对象由佛塔转变为佛像。较大的寺院除中央一组主要建筑外，又按照供奉内容或用途而划分为若干庭院。庭院各有命名，如药师院、大悲院、六师院、罗汉院、般若院、法华院、华严院、净土院、圣容院、方丈院、翻经院等，大型寺院所属庭院，可达数十处之多。

　　唐代晚期密宗盛行，佛寺中因而出现了十一面观音和千手千眼观音的形象，又产生了刻有《佛顶尊胜陀罗尼经》经文的石幢。此外，钟楼的设置，至少在晚唐的庙宇中已成为定制，一般位于寺院南北轴线的东侧。这种制度一直延续到明初，大概到明代中叶，才在其西侧建立鼓楼，并将二者移至寺前山门附近。其他佛教建筑，如"田"字形平面的罗汉堂，最早见于五代时期的杭州净慈寺；转轮藏创于南朝，现有遗物则以宋代数例为最早，如河北正定隆兴寺的转轮藏殿；而至迟于宋、辽时期律宗的寺院，又出现了戒坛，如北京西山戒台寺的戒坛。元代统治者提倡藏传佛教（俗称喇嘛教），它原来盛行于西藏、蒙古一带，除了喇嘛塔和为数不多的局部装饰外，对中土的佛寺总体影响不大。明、清时期佛寺更加规整化，大多依中轴线对称布置建筑，如山门、钟鼓楼、天王殿、大雄宝殿、配殿、藏经楼等，塔已很少，转轮藏、罗汉堂、戒坛及经幢等仍有兴建，但数量也少。方丈、僧舍、斋堂、香火厨等布置于寺侧。从佛寺的总平面来看，似乎已走向停滞了。

（二）寺院的典型配置

按照中国传统建筑的营造法则，一般是把主要建筑置于南北中轴线上，附属建筑放在东西两侧。寺院的建筑配置也是如此。由南往北（或由前往后）看，主要建筑依次大致是：山门、天王殿、大雄宝殿、法堂，可能还有藏经阁。这些都是坐北朝南的正殿。东西配殿则有伽蓝殿、祖师堂、观音殿、药师殿等。寺院的主要生活区常集中在中轴线左侧（东侧），包括僧房、香积厨、斋堂、职事堂、茶堂等。若设置"旅馆区"，则常设在中轴线右侧（西侧），主要是云会堂（禅堂），以容四海之来者。

佛寺的基本部分是两组建筑：山门和天王殿为一组，是门脸儿；大雄宝殿及其配殿为一组，是主体建筑。有此两组方可称"寺"。有些小庙，特别是观音庵之类的尼庙，只有一个院落，正房中置佛像或观音像，人住厢房。那只可算是"庵"，乃不正规的因陋就简之小庙也。

寺院的附加部分则类型较多，各寺可按情况自由配备。有些寺院有专供菩萨的观音殿、文殊殿、三大士殿、地藏殿等，多作为大殿或法堂的东西配殿，或在中轴线两侧另辟小院。有些寺院有罗汉堂、戒坛。这些都是带点独立性的建筑单位。也就是说，一个寺院可以看情况配置，更宜于在发展中逐步配置，不影响大局。它们彼此间也没有必然联系，各个独立。

布局方式

中国传统建筑思想，是在整齐划一中规定出等级。所以，无论宫殿、官署、住宅，平面布局都是院落式，总体变化不大，而在建筑大小、开间、屋顶、装饰、色彩等方面显示森严的等级。因此，从一开始，大概就没有想过给佛寺另搞与众不同的专用设计，如西方基督教大教堂那样的专门性建筑，那是很难移作他用的。中国人走的是另一条路，即把中国传统建筑体系改造为寺院之路，或者说是把佛寺融入到自己成熟的建筑体系之内。这是中华民族改造利用外来文化影响的一种例证。

（一）寺院布局的两大类型

佛教终究是外来的，佛寺终究是宗教建筑，寺院的变迁有一个发展过程。流行于我国中土的佛教寺院大体可分为以佛塔为主和以佛殿为主的两大类型。

以佛塔为主的寺院在我国出现最早，是随着西域僧人来华所引进的"天竺"制式。这类寺院是以一座高大居中的佛塔为主体，其周围环绕方形广庭和回廊门殿，例如建于东汉洛阳的我国首座佛寺白马寺、建于汉末徐州的浮屠寺以及建于北魏洛阳的永宁寺等。这种佛寺形制的产生与形成，乃出于古印度佛教徒绕塔膜拜的礼仪需要。从东汉到南北朝时期一直如此，当时的寺院习称为"浮屠祠"，"浮屠"是"塔"的音译。虽然它为我国早期佛寺所沿袭，但由于我国的冬季相当寒冷，特别是北方的室外，举行礼佛仪式有诸多不便。从布道效果上看，礼塔毕竟不如礼像感染力强，受犍陀罗影响，南北朝以来雕刻佛像甚多，尤其隋唐以降，造大像成风。因此在佛寺中出现可容纳多人顶礼传法和内藏佛像的殿堂是顺理成章的事情，并且佛殿逐渐发展成为寺院中取代佛塔的主体建筑。此时佛塔已不再成为寺寺内的主要膜拜对象，其位置也从寺内中心移至侧后方，甚至后来成为寺院中可有可无的建筑。佛塔在寺院布局中的变迁过程，反映了寺院格局中国化的过程。

以佛殿为主的寺院，基本采用了我国传统宅邸的多进院落式布局。它的出现，最早可能源于南北朝时期王公贵胄的"舍宅为寺"。为了利用原有房屋，多采取"以前厅为大殿，以后堂为佛堂"的形式。这一类型的寺院，不但解决了前述以佛塔为主体的佛寺在实用上的不足，又符合人们日常生活的习惯与观念，更重要的是它在建造时所消耗的物资与时间可大大减少，从而成为自隋唐以后最通行的佛寺制度。北京西山现存佛教寺院基本都属于以佛殿为主的寺院，部分建有佛塔的寺院，塔的位置也在主轴线的侧方或后方，或另置塔院，处于次要地位。

有的寺院常在主轴线主体院落的两侧另建若干院落，大的佛寺可多达数十处，并依所供奉对象或行使职能而命名，如观音院、祖师院、方丈院、翻经院、山池院等。有的寺院则因宗派教义或规模大小的不同，分别建有戒坛、罗汉堂、藏经阁、钟楼、鼓楼、放生池等多种建、构筑物，它们的平面、立面各有特点，为寺院增色良多。从现代观点看，将佛寺划分为布教区与生活区，又可再分为基本和外加两大部分。在布教区内，基本部分绝不可缺，否则不称其为佛寺，但可因陋就简；外加部分彼此间关联不大，可以因时因地制宜。这与中国传统建筑的院落式布局结构正相适应，院落式布局可相宜增加或减少院落，而彼此互不影响。至于塔，独成一体。有塔，寺院锦上添花；没有塔，寺还是个寺。

另外，造大像、大阁、高塔费工费钱费时，不利于在各地迅速普及。在唐代，禅宗兴起后，提倡"伽蓝七堂"制，这是佛寺向普及化、专业化发展的标志。所谓"伽蓝七堂"，即7种不同用途的建筑物。佛教各宗派对其解释略有不同，一般认为是：山门、佛殿（不止一种）、讲堂、方丈、食堂、浴室、东司（厕所）。佛寺发展到近代，逐渐以佛殿为其主体突出部分，而且规范化。禅宗的殿堂布局与配置最有章法，比较固定，故各寺多从之。但古刹常存遗制及递改之迹；山寺多依山傍水，因地制宜，也不强求规则；有些位于市区而逐步发展起来的，或由其他用途建筑改建而成的寺院，布局每自成一格，不甚规范。但寺院布局有一点是不变的，这就是建筑群体布局的院落式组合。

（二）寺院建筑群的组合

中国传统建筑以群体组合见长，宫殿、陵墓、坛庙、衙署、宅邸等都是众多单体建筑组合起来的建筑群，佛寺亦复如此。寺院建筑组群特别擅长运用院落的组合手法来达到其特定的使用要求和精神目标。人们对寺院建筑群的体验和感受也只有进入到各个院落才能真正得到。可以说，庭院是寺院建筑群体布局的灵魂。

庭院是由殿堂、围墙、廊庑围合而成的内向性封闭空间，它能营造出幽静、安全、洁净的空间氛围。庭院为房屋采光、通风、排泄雨水提供必要条件，也是进行室外活动和种植花木以美化环境的理想场所。封闭的庭

院还可以避免或减轻自然灾害的袭击和社会不安定因素的侵犯。

由于气候、地形条件和使用功能的不同，庭院的大小、形式可以随宜调节。例如，北方为了冬天有充足的阳光，庭院可以做得开阔；南方为了减少夏天烈日曝晒之苦，庭院常做得很小，人们形象地称之为"天井"。山地环境，限于基地条件，往往不采用规整开阔的庭院布局方式。公共性强的建筑，如寺院的大雄宝殿，则因举办大规模活动的需要而建得宏敞宽阔；私密性强的建筑，如寺院的方丈室，则建成小尺度宜人亲切的院落。

庭院的围合方式大致有3种：一是在正殿（正房）与院门之间用墙围合；二是正殿（正房）与院门之间用廊围合，通常称之为"廊院"；三是正殿（正房）前两侧东西相对各建配殿（厢房）一座，前设院墙或院门，通常称之为"三合院"，如将三合院前面的院墙也改建为房屋（门殿或倒座儿），则称"四合院"。

院落的基本单位是"进"和"跨"，"进"表示前后串联的关系，纵向有多少个院子就叫多少"进"院落，其中每个院子按照位置分别称"第一进""第二进"……依次类推；若干"进"院落沿纵深轴线串联，称为"一路"。"路"或"跨"表示左右并联关系，横向有多少串院子就叫作多少路（跨）院落，并可按照位置分别称为东路（跨）院、西路（跨）院等。寺院的空间以院落为核心，不同规模的寺院拥有不同的院落数量。一般小型寺院由单路一、二进院落组成，中型寺院由单路多进院落组成，大型寺院由多路多进院落组成。

寺院建筑的主体部分常沿着一条纵深的轴线，对称地布置一连串形状与大小不同的院落和建筑物，烘托出种种不同的环境氛围，使人们在经受了这些院落与建筑的空间艺术感染后，最终达到某种精神境界——或崇敬，或肃穆，或悠然有出世之感，这是寺院建筑群所擅长的布局艺

术手法。有人以之比作中国山水画的长卷，能产生步移景异、引人入胜的效果。

寺院的庭院还具有某种程度的多功能色彩。随着宗教世俗化的进展，寺院从盛行"俗讲"到举办"庙会"，诸多世俗生活的渗入，给寺院空间增添了观赏性、游览性的功能特色。佛寺庭院空间的功能属性，反映在庭院构成上，有两点值得注意的现象：（1）庭院构成的自由度较大。由于寺院分布地域的不同，组群规模就有很大的调节余地。它可以位于市井城区，也可以深入名山胜地；它可以包围在大片城区的人工建筑环境之内，也可以坐落在山清水秀的自然景观环境之内；它可以是一座独院小庵，也可以是有十数院的大刹。因此，不同的寺院存在着构成要素和构成关系上的很大区别。有近似居住庭院形态的小型佛寺庭院，也有近似宫殿庭院形态的大型佛寺庭院；有城市型佛寺的庭院形态，也有山林型佛寺的庭院形态，表现出佛寺庭院形态颇为悬殊的多样性。（2）大型寺院的庭院布局存在"重置空间"的现象。为了适应寺院带有公共性的大量人流活动的特点，在一些大型寺院的庭院中，常常呈现出重置空间的布局，即在一个纵长形的大庭院的主轴线上布置几重主要的殿阁。这种布局可以视为前后数院只以殿堂分隔，不加横墙封闭而形成贯通的长院。这样前后数重庭院统成一体，既是分开的，又是贯连的。通过这样的布局，庭院空间强化了贯通交融的游览性，主体建筑突出了殿阁三维体量的造型表现力。

当一座寺院建筑群规模庞大、功能多样、内容复杂时，通常的处理方式是将轴线延伸，并向两侧展开，组成3条或5条轴线并列的组合群体。但其基本单元仍是各种形式的庭院。

下面就以一座具体寺院为例，讲一讲北京西山寺院构成系统的一般特点和总体布局的艺术魅力。

碧云寺记

（一）建筑构成系统

建筑构成系统的基本结构形式，可分为三类：第一类是分散系统，第二类是集中系统，第三类是多级递阶系统。

分散系统的各个子系统是分散工作的，系统自身是松散的集合，整个系统的运行比较简单，子系统之间没有密切联系，如同"独立作战"。这种系统的好处是，当一个或几个子系统出现问题时，整个系统还能运行。它的缺点是，系统自身欠缺严密有机的组织，很难取得复杂有序的、整体理想的运行。

集中系统的各个子系统都集中到上层系统，这时系统成了协调器，使整个系统可以有机协调地运行。它的优点是协调性能好，缺点是系统不能过大，一旦协调器出故障或某个子系统出问题，整个系统就会瓦解。

多级递阶系统则是从系统结构上分级，分出若干递阶层次。它集中了上两类系统的优点，克服了上两类系统的缺点，既有利于系统整体最优，又提高了系统的可靠性。

建筑的系统结构体现在建筑的实体与空间的构成状态。不论是在中国传统建筑体系，还是在西方建筑体系中，小型建筑的构成，基本上都属于分散系统。这种分散系统的建筑，在中国传统建筑体系中，统称为"散屋"。它是以独立的单幢房屋呈现，没有形成院落组群或其他组群。各个单幢散屋自成独立系统，各散屋之间自由错落地散布，呈不规则的散点布

局。我国西南许多少数民族地区的宅屋，如傣族竹楼、苗族半边楼、土家族吊脚楼、藏族碉房等都属于这类散屋。呈现这样分散的散屋多是受制于小自耕农的家庭，生产力低下，财力匮乏，没有形成与大家庭相匹配的住宅组群。它们多处于山区坡地，依山就势散布，可能组成松散的村寨，也可能就是孤零零的三五人家。这种分散系统是自由灵活的，带有浓郁的原生态乡土气息，但是整体的有序度较低。

对于大中型的、复杂的建筑，自然就不能停留于这种分散的系统结构，而势必采用集中的或多级递阶的系统结构。值得注意的是，古代西方砖石建筑体系与古代中国木构建筑体系，在系统结构的运用上有明显的区别：西方建筑侧重发展的是集中系统，而中国建筑侧重发展的是多级递阶系统结构。

以木构架为主体结构的中国传统建筑，不便于建造大体量的单体建筑，自然避免采用集中型的建筑形态，而是采用以院落为单元的集合型的建筑形态，从而形成了多级递阶系统结构。

（二）碧云寺的空间布局艺术

碧云寺坐落在北京香山东麓。它的前身是元初耶律楚材的府邸，元至元二十六年（1289年）耶律楚材后裔阿密勒舍宅为寺，把府邸改为碧云庵。元至顺二年（1331年），一位名叫圆通的僧人对已废弃的碧云庵进行修整重建，改名碧云寺。此后寺院两度为宦官侵占，先是明正德年间，宦官于经据寺为宅；后是明天启年间，宦官魏忠贤据寺为祠。两人都扩充建筑，并在寺后建墓圹。两位当权太监先后相中此地为死后埋葬之所，因而

努力经营，积极扩建，最后两人都因获罪无法如愿，但他们对寺院的扩建却为碧云寺的宏伟规模奠定了基础。清乾隆十三年（1748年）碧云寺在汉化佛寺的基础上改制为喇嘛寺，作为笼络西藏及蒙古王公贵族之用，寺院主轴线后部建造了极其精美华丽的藏式金刚宝座塔，南跨院增建了罗汉堂，奠定了今日碧云寺的全貌。

碧云寺整体建筑组群顺着山冈走势，继承辽代寺院传统，自东向西布置。全寺可分为4个分区：一是主轴线前部的四进院落的汉式寺院，二是主轴线后部的藏式金刚宝座塔，三是南跨院的罗汉堂院、禅院，四是北跨院的水泉院、含青斋院。

从构成系统来看，碧云寺呈现出明晰的多级递阶系统。整个寺院是一个组群大系统，它的下一个层次，是"分区系统"；分区系统的下一层次，是"庭院系统"，每个分区都有若干个"庭院"；庭院系统的下一个层次，才是"单体建筑系统"，每个庭院多由若干单体建筑组成。

碧云寺的主轴线分前后两部。前部的汉式寺院是整个寺院的核心区，它由前后贯穿的四进院落及其前导组成。前导部分有大门、山门殿。大门又称外山门，为一座砖石券拱建筑，雄踞高台之上，前临深涧，有石桥跨于涧上。石桥前有两尊石狮，雕镂工巧，威武如生，为北京诸寺石狮之上品。外山门之内为山门殿，面阔三间，单檐歇山顶，殿内原有两尊明代金刚力士像，但毁于"文革"期间。现供金刚像为后人重塑。两山门之间有高甬道相连，甬道两侧为深二三米的下沉院落，内植翠竹，意境幽雅。

第一进院落以弥勒殿（天王殿）为正座，以山门殿为前座，院内两侧立钟鼓楼。天王殿内有明代塑造的大肚弥勒铜佛像，制作精细。天王殿两侧连廊庑，廊庑转而西折，经大雄宝殿，延伸至菩萨殿，再转交于菩萨殿之山墙，围合成一座纵长形庭院，空间因之开朗。

碧云寺大门前的石狮

寺院的布局

碧云寺外山门

碧云寺山门殿

第二进院落是主体院落，以能仁寂照殿（大雄宝殿）为正座，以天王殿为前座，两侧有配殿，并带转角偏殿。庭院中央设水池"荷沼"，池上飞架石桥。过桥为大雄宝殿，面阔三间，进深三间，单檐庑殿顶，四角用擎檐柱。殿内正中供奉释迦牟尼像，左右为文殊、普贤两菩萨和迦叶、阿难两弟子。殿前出月台。月台前南北两侧各有石经幢一座，造型壮伟，与殿前古树一同构成优美的画面。

第三进院落居中为静演三车殿（菩萨殿），菩萨殿面阔五间，单檐歇山顶。殿内供奉五大菩萨像，中间为观音菩萨，左侧是文殊菩萨和大势至菩萨，右侧是普贤菩萨和地藏菩萨。殿前有乾隆时增建的八角琉璃碑亭，重檐攒尖黄琉璃瓦顶。斯亭比例匀称，尺度宜人，为此进院落增添了几分佳趣。菩萨殿和前面的大雄宝殿都曾保存有明代的精美造像，现已不存。

碧云寺天王殿及钟楼，天王殿面阔三间，单檐歇山顶

碧云寺能仁寂照殿，面阔三间，单檐庑殿顶

第四进院落建普明妙觉殿及左右配殿。普明妙觉殿面阔五间，硬山顶。1925年3月12日孙中山先生病逝，灵柩曾停放在碧云寺。后设衣冠冢于金刚宝座塔的券洞内。为纪念孙中山先生，普明妙觉殿被改名为孙中山纪念堂，堂内安放一座汉白玉雕成的孙中山先生塑像。

这四进院落组构的寺院主体，吻合汉化寺院"伽蓝七堂"的基本格局，在舍宅为寺的基础上，形成汉式寺院的完备主体。

主轴线后部的金刚宝座塔院，是碧云寺改制为喇嘛寺后新增的主体建筑。它的前方有过渡院落。过渡院落的作用主要是拉开藏式塔院与汉式寺院的距离。沿着主轴线，顺着陡升的地形，山寺依次立木牌楼、石牌楼、砖牌楼各一座，把过渡院分隔成三重院庭，点缀有石狮、石桥、石亭和一湾清水，恰当地为人们进入塔院做了铺垫。如此布局既有引人入胜之作用，又能凸显塔之尊贵地位。

静演三车殿前琉璃碑亭，八角形平面，重檐攒尖顶（武立佳摄）

碧云寺金刚宝座塔院的木牌楼，后面依次排列石牌楼、砖牌楼，极富层次感，
形成金刚宝座塔的空间序曲，预示着金刚宝座塔的尊贵地位（武立佳摄）

四柱三间冲天石牌楼（武立佳摄）

四柱三间七楼砖牌楼

　　塔院占地很大，满植松柏，金刚宝座塔在这里拔地突起。塔座下面砌两层高高的大台基，塔座自身也有意增高，在重叠的须弥座上再加三段水平雕饰层。塔座平台上，后部立一主四从五座密檐式金刚塔，平台前部两角各立一喇嘛塔，中心部位配合登塔石阶通道，建一座小金刚宝座塔。八塔集聚，塔尖参差入云。全塔尺度颇大，底层台基东西长36.4米，南北宽26.9米，塔体总高达34.7米，高高耸立的金刚宝座塔成为全寺的制高点和视觉中心。金刚宝座塔是整个寺院主轴线上最后的高潮，它地势最高，可俯视全寺，并可远眺北京城。

　　南跨院自成一区，前部为禅堂小院，设禅堂正殿和左右配殿。后部为罗汉堂院。罗汉堂院有前院、后院陪衬。前院很小，为带影壁的门庭过渡院，后院深度很浅，建藏经楼。这座罗汉堂是仿浙江海宁安国寺罗汉堂（另一说是仿杭州净慈寺罗汉堂）的"田"字形平面建造的，中间留设4个天井采光，可容纳比真人尺度还大的500尊罗汉，建筑体量庞大，长约60米，宽约50米，在寺院中自成独特的格局。

　　北跨院是碧云寺的园林空间。前部为园林前奏含青斋院，院中央辟曲形水池，水池前后设两座厅堂。建筑格局虽然规整，而水池叠石参差，薄薄的板桥贴水铺设，池水清清，金鱼游弋，绿树成荫，很是清静幽雅。后部是园林主体水泉院，这里有清泉水源，院中心开辟一泓清水，围成不规则水池，池中原建有洗心亭。池的前方（东部）是一片如茵芳草，有古柏连荫和树下的座椅、石磴。池的南侧，依危岩贴墙建高低错落的角亭、清静心间和弹拱台。池的后部（西部）山水相间，尽端依着半壁山岩，建龙王庙。庙下有泉源洞口。贴山脚另辟一水池，池中原有沼堂，与洗心亭互为对景。现沼堂、洗心亭都已不存，显出孤台寂寂，更添山池逸趣。

从碧云寺总体布局的多级递阶系统结构，可以看出这种空间布局的若干特点，具体如下。

1. 呈现离散式的组群布局

全寺组群为第一层次系统；4个分区为第二层次系统；各区下面有大小24个院落，为第三层次系统；院落下面的各栋单体建筑，为第四层次系统。这样，我们定位基本系统的单体建筑，在这里是全寺组群大系统递阶中的第四层次构成。这与西方古代砖石建筑相比，真是天壤之别。以东罗马帝国君士坦丁堡的圣索菲亚教堂为例，按说圣索菲亚教堂的整体组群是第一层次系统，教堂主体、前部廊院和后来增建的4座伊斯兰宣礼塔，是它的第二层次系统。但是教堂主体在整个组群中占据绝大的分量，它实质上是整个教堂的第一层次，前部廊院与后建的四角宣礼塔都不足以与它并

碧云寺普明妙觉殿，面阔五间，硬山屋顶

列，而应该算是它的外部附属构成。因此可以说，在圣索菲亚教堂中，教堂主体自身就是第一层次系统，也就是说，作为基本系统的单体建筑在那里就是第一层次系统，它的组成构件和组成空间——大穹顶、半穹顶、小半穹顶、柱墩、扶壁和穹顶空间、侧廊空间、楼层空间，都是它的子系统。而在碧云寺建筑组群中，一个个单体建筑——天王殿、弥勒菩萨殿、能仁寂照殿、静演三车殿、普照妙觉殿、罗汉堂、禅堂、藏经楼、洗心亭、沼堂、含青斋正厅、前厅以至于金刚宝座塔，虽然是基本系统，却都列在寺院的第四层次构成。它们的下一层次，即第五层次，才是组成单体建筑的构件子系统。这是一种化整为零的结构，层次分明、递阶有序的结构，是与集中型系统迥异的、充分离散的、以庭院式布局为特征的集合型结构。

2. 契合木构架的构筑特点

这种集合型的庭院式结构布局，是木构架建筑体系的产物。由于木构架的原木尺寸和梁架受力的局限，不能像西方砖石券拱结构那样构筑大跨度、大空间、大体量的单体建筑，自然走向小体量、多单体的组合构成。这样，作为基本系统的单体建筑，在碧云寺组群中就排列到第四层次，每一个单体建筑的体量不必做得很大。号称碧云寺核心院落主体建筑的能仁寂照殿（大雄宝殿），用的只是面阔三间、进深三间、带一圈窄窄周围廊的殿屋。它的前方伸出月台，后部添加一间抱厦，屋顶采用庑殿顶，这些提升了主殿的尊崇规格。实际上主殿的体量不大，内部空间不大，梁架跨度不大，构筑技术简易，完全是成熟的技术做法，这样就大大降低了单体建筑自身构成的复杂性和技术做法的复杂度。体量较大的罗汉堂也是如此，它的平面的面阔进深尺寸达到60米×50米，按说是个大空间、大跨度建筑。实际上它采用"田"字形的平面组合，完全转化为小跨度的空间

构成，也没有超出木构架技术的规范做法。碧云寺的庞然大物是金刚宝座塔，那已经不是木构架建筑，而是砖石建筑。金刚宝座塔的高高突起，八塔丛立，看上去很是复杂，实际上塔座内只有登塔券洞的小空间，基本上是实心的"有外无内"型台体。这样的台体上建造若干小塔自然也不存在构筑上的难题。可以说，在碧云寺的庭院式离散型布局中，基于多级递阶系统结构，尽管寺院总体规模很大，但它的单体建筑基本系统却大为简化，避免了大跨度、大空间的技术难题，充分体现了木构架建筑的构筑逻辑和空间构成特色。

3. 便于历时性的改建扩建

碧云寺的这种多级递阶结构布局，为建筑组群的改建、扩建带来了方便条件。作为第四层次的单体建筑，在组群整体中，都是相对独立的。拆除某些建筑，并不影响其他单体建筑，不会导致全系统的破坏。添加新的建筑构成，不是把原有的单体建筑扩展、放大，而是增添新的单体。这样既不触动原有的基本系统结构，也使新添的单体建筑有不受旧建筑牵制的相对自由。碧云寺的历史演进很生动地表明了这一点。在阿密勒舍宅为寺后，碧云寺经历过宦官于经的据寺为宅和还宅为寺，再经过魏忠贤的据寺为祠和还祠为寺，到乾隆时期，又经历汉式寺院到喇嘛寺的转化。在宅邸功能、生祠功能、汉寺功能、喇嘛寺功能上，碧玉寺经历了多次功能变换和改建、扩建。这里有山僧圆通的修葺重建，有宦官于经、魏忠贤的两度扩建，特别是乾隆时期大规模的改制扩建，碧云寺正是在元、明、清三个时期的改扩建中逐步壮大发展的。在清乾隆十三年（1748年）的这次扩建中，碧云寺的总体规模整整扩大了一倍多，整个寺院向后部延伸了一倍的纵深，东西纵向主轴线长达450米，整个寺院组群占地达到6公顷，由此跃升为北京西山规模恢宏、极富特色的大型寺院。

4. 有利于外部空间的灵活组合

这种多级递阶的建筑组群布局，有一个很重要的优势，就是可以方便地对建筑的外部空间进行灵活组合。由于木构架建筑的体量相对偏小，单体建筑内部空间有限，室内空间组织不是很复杂，这就导致对建筑外部空间的格外关注。一幢幢单体建筑的殿堂，通过庭院式的组合，组成这样那样的"院"。院与院的串联和主轴院与副轴院的并联，就组构成大型的建筑组群。在这里，院落自身的组合，院与院之间的串联组合，主轴院与副轴院的并联组合，都有很大的灵活性。碧云寺的大小院落共约24个。这些院落，功能要求不同，所处位置不同，环境条件不同，形成的庭院形式，可以说是千差万别的。这里的院落尺度有大有小。这里的院落形态，有规整的，有活跃的；有封闭的，有通透的；有空旷的，有幽曲的。有的以殿屋组合成院，有的以院墙围合成院；有的凸显殿屋主座，有的耸立牌楼、碑亭，点缀荷沼、石桥。这些庭院扩建就是建筑的外部空间，但是它不是直接面向城市、广场的外向的外部空间，而是位处建筑组群内部的内向的外部空间。这样的建筑外部空间是很有意义的，它大大弥补了非集中型单体建筑内部空间有限的不足，以充足的外部空间作为内部空间的补充和延伸。尽管碧云寺的几座主要殿堂——弥勒菩萨殿、能仁寂照殿、静演三车殿、普照妙觉殿尺度都不大，但是通过四进院落的庭院空间组织，还是组构成了完整的、富有层次的、富有氛围的大型寺院格局。这样的庭院式组合，也为碧云寺兼容不同功能、不同制式、不同体量、不同风貌的建筑创造了方便条件。体量远大于主体殿堂的罗汉堂被分隔在主轴线之外的南跨院，就避免了对主体殿堂的干扰。体量庞大，制式、风貌迥异的金刚宝座塔，被推到主轴线后部的塔院，并以过渡院拉开距离，妥帖地解决了汉式风格与藏式风格的共处。错落有致、优雅宁静的园林

从静演三车殿前看碧云寺南跨院的罗汉堂

建筑都集中在北跨院，形成别具一格的寺庙园林，也使它与主轴庭院的端庄格局各得其所。这种庭院式的灵活组合，也有利于碧云寺充分地结合地形，融入自然环境。整个寺院坐落在香山东麓聚宝山的脊梁上，聚宝山后面山势突起，山冈三面环抱，两翼和前方都有深沟壁垒，整个寺院充分利用这一地形，由东向西，一层层院落顺着地势逐渐升高，空间安排与环境起伏完全合拍。到了塔院前部，地面标高已较山门地面高出37米。金刚宝座塔在这里拔地而起，加上它自身高约35米，塔尖距山门地面高差达到72米。这样的融合山地环境，造就了金刚宝座塔虎踞山冈峰巅的态势。所有这些对建筑外部空间的灵活安排，都大大丰富了碧云寺组群的建筑时空构成，充分体现出中国木构架建筑体系擅长组织时空的特色。

　　从碧云寺多级递阶系统结构的这些空间布局特点来看，可以说中国的木构架建筑，基于自身构筑特点，采用多级递阶的系统来组构大型组群，的确是找到了最适宜的空间结构形式。当然，这并不意味着多级递阶结构就是最佳的系统结构。以小体量单体建筑为基本系统的多级递阶结构，也存在着很大局限和很多不利因素。首先，它欠缺集中系统大型建筑那样的室内大跨度、大空间，在室内空间的容量和组织上，有明显的局限；其次，它的容积率指标很低，离散型分布需要很大的占地；再次，这种化整为零的、小体量多单体的构筑方式，很有可能带来房屋用材、路面铺设等一系列建筑材料的非集约消耗。因此，不能孤立地评判集中系统与多级递阶系统孰优孰劣，需要针对具体情况，才能进行优选，才能决策采用什么样的建筑系统结构。

碧云寺北跨院的园林空间水泉院景观

古刹大观

（一）潭柘寺

潭柘寺位于北京市门头沟区潭柘山山腰，全寺依山而建，院落逐级升高。寺院建筑组群坐北朝南，分作中、东、西三路。潭柘寺始建于西晋时期，目前该寺的总体规模是明代形成的，寺中建筑则大多是清康熙以后陆续重建的。此外，寺南有历代高僧的墓塔群，分为上、下塔院。

1. 中路

中路沿中轴线由南至北分别建有木牌楼、山门、天王殿、大雄宝殿、三圣殿（现已毁）和毗卢阁，共五进院落。

木牌楼为四柱三间式，上有清康熙皇帝御笔题额。穿过牌楼，寺前一道深沟，上有一座单孔石桥，名"怀远桥"，若沟中有水，倚在桥上听潺潺的水声，真可以忘我忘世了。过桥有4株马尾松，枝叶繁茂，又成一个境界。山门面阔三间，单檐歇山顶，正中券门上有匾额，上书"敕建岫云禅寺"，山门外的两株古树虬曲若盘龙。山门后为天王殿，面阔三间，单檐歇山顶，天王殿两侧是钟鼓楼。大雄宝殿，面阔五间，重檐庑殿顶，崔巍华丽。毗卢阁前有两株古银杏，参天蔽日，被誉为"帝王树"，为潭柘寺古树中之极品，亦为北京诸寺银杏之冠。每到深秋，毗卢阁前的两株古银杏和两株菩提树满树金黄，美不胜收。

潭柘寺山门前的四柱三间木牌楼

2. 西路

西路为次要殿堂区，包括东、西两组建筑群。西侧的一组为写经室与大悲殿。东侧一组南部原有平面八角形的楞严坛，屋顶为重檐攒尖顶，上层檐为圆形，下层檐为八角形，造型独特。其北面为面阔三间、卷棚歇山顶的戒坛殿。戒坛殿东、西、北三面为竹林环绕，修竹繁茂，竹高十余米，为北方所罕见。再北为观音殿，居全寺最高处，殿前古松矫健，左右有文殊殿、祖堂。观音殿前平台为俯瞰全寺的最佳所在——由此南望，近处是寺院建筑群的重重屋顶，古树苍劲，竹海如画；极目远眺，可见左右青山环抱，唯独南面豁然开朗，一览无余，意境绝佳，足见寺院选址之妙。

3. 东路

东路以园林为主，包括竹林院、地藏殿、方丈室、舍利塔等，以及康

熙皇帝、乾隆皇帝驻跸的行宫院。这一区茂林修竹，名花异卉，潺湲泉水
萦流其间，配以叠石假山，一派花团锦簇、赏心悦目的园林气氛，与中路
恰成对比。行宫院还有流杯亭的建置，麟庆《鸿雪因缘图记》载："流杯
亭在潭柘寺内，乾隆间重修，赐额曰猗玕清境。檐下琢石为渠，作蟠龙相
对势，引泉自东而西。"[1]但在亭内凿石为槽，以作"曲水流觞"之状，仅
略存其意而已。但"蟠龙相对"的流杯亭图案，被人进一步解释为"由北
向南望为虎头，由南向北望为龙头"，多少增添了几分妙趣。

　　潭柘寺的三路院落，众多殿堂层层折折向高处铺展开去，穿行其间，
确有无穷无尽之感。

潭柘寺大雄宝殿，面阔五间，黄琉璃瓦绿剪边重檐庑殿顶，位于高大的台基之
上，殿前有宽阔的月台。潭柘寺大雄宝殿在北京西山诸寺中规格最高，显示了
潭柘寺不凡的地位

[1] 王南著：《北京古建筑（下册）》，中国建筑工业出版社，2015年，第48页

潭柘寺楞严坛是寺内最重要的佛事法坛，此坛为2013年按原制式复建

潭柘寺戒坛殿，内设三层方形戒坛

潭柘寺观音殿，面阔三间，单檐歇山顶，上覆黄色琉璃瓦，四角设擎檐柱

猗玕亭内琢石为渠，玉亭流杯，作"曲水流觞"之意

潭柘寺建筑群的外围，分布着僧众养老的"安乐延寿堂"以及烟霞庵、明王殿、歇心亭、龙潭、海蟾石、观音洞等较小的景点，犹如众星拱月。在西边观音洞附近的山坡上看潭柘寺的侧面，宛如仇十洲的《仙山楼阁图》，往下看是陡峭的沟岸，越显得深邃无极，潭柘寺简直有海上蓬莱的意味了。由于寺院选址较为隐蔽，山门之前亦延伸为线性的序列导引，沿线建置若干小品建筑，峰回路转，饶富趣味。

此寺位于独具特色的山岳风景的环绕之中，寺内环境肃穆清幽，历来就是北京的游览名胜地，文人亦多有诗文咏赞。例如，《燕京岁时记》："庙在万山中，九峰环抱，中有流泉，蜿蜒门外而没。有银杏树者，俗曰帝王树，高十余丈，阔数十围，实千百年物也。其余玉兰修竹、松柏菩提等，亦皆数百年物，诚胜境也。"[1]

清人曾把潭柘寺外围之景及寺内之景选出十处，定为"潭柘十景"，分别为：九龙戏珠、锦屏雪浪、雄峰捧日、层峦架月、千峰拱翠、万壑堆云、飞泉夜雨、殿阁南熏、平原红叶、玉亭流杯。

（二）云居寺

云居寺位于北京市房山区白带山下，距市区约75千米，《日下旧闻考》说"寺在云表，今通鸟道"，山间云雾缭绕，因此得名云居寺。云居寺建筑组群坐西朝东，东接上方山，西俯拒马河，自唐代创建以来历代多

───────────

[1] [清]富察敦崇著：《燕京岁时记》，北京古籍出版社，1981年，第59页

寺院的布局

有修葺，清康熙十一年至三十七年（1672—1698年）由云居寺住持溟波大师发起的大修奠定了云居寺今日的格局，云居寺形成了宏大的规模和丰富的空间形态。全寺分中、南、北三路，此外还有南、北塔院。1942年，云居寺建筑大多毁于日寇炮火，仅存山门石券面和砖石塔十余座。1985年起，北京市政府陆续对云居寺进行修复。

1. 中路

中路共分五进院落，六重殿宇，主轴线上依次为山门（天王殿）、毗卢殿、释迦殿、药师殿、弥陀殿、大悲殿。

山门内为全寺主要殿堂——毗卢殿，面阔五开间，硬山式屋顶前出卷棚抱厦，也可称为一殿一卷的勾连搭屋顶形式。除了毗卢殿以外，云居寺主轴线上其余殿堂也均为硬山或卷棚顶，建筑形制等级不高。但毗卢殿院

山门与毗卢殿之间立一座四柱三间七楼木牌楼，丰富了空间层次

落布局很精彩，院落左右两侧设钟鼓楼，院落中央置四柱三间七楼木牌楼一座，空间层次丰富，使得此进院落在北京古建筑中颇为独特。殿前分列二碑，为清康熙三十七年（1698年）立，记载了云居寺大修经过。这中路第一进院可谓先声夺人。此后四进院落依山就势，每一进院落都建在比前一进院落高起的平台上，每两层平台之间由"八"字形台阶相连通。其布局模式均为一正殿、两配殿和一座小门殿的三合院格局，重复了4遍，又有微妙变化，所以趣味略有不同。第二进院的正殿为释迦殿，院内原有古松迎人。第三进院正殿为药师殿，殿前有双碑对列。第四进院正殿为弥陀殿，殿前有清嘉庆御碑亭，亭为歇山卷棚顶，内置清嘉庆皇帝御制诗卧碑，此院为中路建筑组群又一亮点。弥陀殿内原有二十诸天像，颇精美。最后一进院由垂花门进入，正殿为大悲殿，卷棚屋顶，颇有家居园林气息。

2. 南路与北路

与中路严整的院落布局不同，云居寺南、北两路建筑组群布局灵活，不拘一格，加之与中路一样依山势层层抬起，具有较多的空间变化。

南路轴线西端为中路弥陀殿的南跨院祖师殿院，其他为僧房等。

北路轴线西端为中路弥陀殿的北跨院千佛殿院，此外还有行宫院、客堂、库房等。由中路毗卢殿院东北隅茂密的竹林穿过，可达带有歇山卷棚敞厅的客堂院。北路的行宫院最具园林意味，清代皇帝赴西陵祭祀都要途经云居寺，因此建有行宫，行宫由一系列高低错落的庭院组成，采用不对称布局，富有空间变化之趣味。

除了大型寺院建筑组群惯用的三路院落布局之外，云居寺布局的最大特色还在于有南北二塔对峙，形成了与东西主轴线相辅相成的南北次轴线，两轴线刚好相交于中路中间的第三进院落。双塔烘托中轴线的空

由云居寺南塔远眺北塔，南塔为2014年复建，北塔为辽塔

间格局为唐代佛寺的一个重要特色，虽然二塔均为辽塔（南塔毁于20世纪40年代，现为当代重建），但云居寺的双塔对峙格局在北京独一无二，保留了唐代佛寺的布局特征，实为难能可贵。佛教传入中国，至隋唐时与儒家、道家思想相互影响，发展出具有中国风格的禅宗。在禅宗寺院中佛塔较不受重视，逐渐偏离了中轴线，因此出现了主殿前两侧配置双塔的佛寺，且双塔分别置于各自的塔院中。所以双塔布局在佛教寺院布局的演变史上，有其阶段性意义。中国现存有双塔布局的寺院为数不多，云居寺为北方双塔布局寺院的翘楚，而福建泉州开元寺是南方双塔布局寺院的杰作。

古刹寻幽

（三）戒台寺

戒台寺位于北京市门头沟区马鞍山山麓，始建于唐，辽代高僧法均在此建成戒坛说戒，此戒坛为我国著名三大戒坛之一。寺坐西朝东，依山而建，遥望京城，各殿堂都建在逐层升高的平台之上，现存主要殿堂大都是清代或近代所建，但寺院东向可能为辽代旧制。

戒台寺建筑组群虽然大致也可分为中、南、北三路，然而布局颇为疏朗、自由。其中，中路、北路为寺院主体部分，中路的千佛阁与北路的戒坛殿共处高台之上，呈阁、殿对峙的总体构图，很难说中路与北路建筑组群孰主孰次，这在北京古代建筑组群布局中是颇为少见的。此外，北京有句俗谚："潭柘以泉胜，戒台以松名。"戒台寺多古松，造型奇绝，远近驰名，成为全寺空间构图不可或缺的组成部分。这也是中国古代建筑布局的重要特色，有时建筑会退居"背景"，而由山石古木担任"主角"。古松实为戒台寺的镇寺之宝，多集中于寺内第二层平台的边缘，这第二层平台南北方向很长，在千佛阁和戒坛殿前展开着，是戒台寺最胜处，视野宽阔，引人徘徊流连，教人想起"振衣千仞冈"的诗句。平台上由南至北依次排开的活动松、卧龙松、九龙松和抱塔松为戒台古松之最，卧龙松与抱塔松同是偃仆的姿势，身躯奇伟，鳞甲苍然，有飞动之意；九龙松老干槎牙，有张牙舞爪之意。这些古松与寺院殿堂一起形成了戒台寺最奇伟壮阔的景观。

戒台寺外山门南向，进入后为第一层高台，由此东望，可远眺北京城，视野开阔，左转为中路山门。山门之内的主轴线上依次为天王殿、大雄宝殿、千佛阁，千佛阁为二层楼阁式建筑，已在第二层高台之上。千佛阁后还有两层高台，建有观音殿等建筑。

抱塔松

卧龙松

复建的千佛殿为外观二层的楼阁式建筑，绿剪边庑殿顶

戒台寺戒坛殿，外观二层，面阔五间，殿身四周设外廊，即宋《营造法式》所谓"副阶周匝"

戒台寺双塔，前为南塔，后为北塔

清静幽雅的戒台寺牡丹院

　　北路的主体是戒坛院，包括门殿（优波离殿）、戒坛殿、大悲殿及罗汉堂。戒坛殿与中路的千佛阁同处于第二层高台之上，也是二层楼阁式建筑，故这第二层高台为全寺核心所在。戒坛院的东面的高台之下为对立的戒台寺双塔，南塔为辽代高僧法均的衣钵塔，为五层檐的八角密檐式塔；北塔是法均的灵塔，为明代重建，形制为七层檐的八角密檐式塔，应为仿南塔而建造的。双塔与戒坛院建筑组群共同形成了北路建筑组群壮观的轴线，这一轴线布局的确可与中路的主轴线布局争锋。两路轴线并置，奔腾而上，十分雄壮，为戒台寺空间布局的独特之处。

　　中路建筑组群与北路建筑组群之间有一区小型院落，名为牡丹院，为两进四合院，是长老居住之所。院内清雅幽静，清代以来在此种植丁香、牡丹，包括黑牡丹等稀有品种，名动京城。恭亲王奕䜣曾在此隐居10年。

南路建筑组群根据地形特点布局更加自由灵活，大致包括南宫院、老爷殿、东静院、方丈院、西静院、下院和上院等几组建筑。这些建筑因山就势，其间以台阶、小径串联，错落有致，富有山地建筑趣味，与中、北两路不同。

综观戒台寺的寺院布局，中路依然是全寺规划布局的主体，最为庄严；北边的双塔—优波离殿—戒坛殿一路是仅次于中路的第二轴线，同时也是全寺建筑遗存的精华所在；牡丹院一区和南路建筑组群则相对尺度小巧，布局灵动，富于山地园林气息，高低迂回的小径，曲径通幽的路线，亦为戒台寺的一个特色。

（四）卧佛寺

卧佛寺位于北京市海淀区西山余脉寿安山的南麓。寺始建于唐贞观年间，初名"兜率寺"，据说当时寺内供有一尊香檀木雕成的卧佛。元代对此寺进行扩建后将其改名"昭孝寺"，又称"寿安山寺"，并铸造了一尊释迦牟尼铜卧佛，佛像身长5.3米，高1.6米，重54吨。铜佛作侧卧入睡状，比例匀称，体态自如，神态安详，气象庄严而又好像若有所思，可称为北京之"大思想者"雕像。"卧佛寺"即由此两尊卧佛而得名。元代铜卧佛至今保存完整，唐代檀木卧佛已不存。该寺于明代亦屡有修葺，又更名为"永安寺"。清雍正十二年（1734年）该寺再次大规模重修，雍正皇帝赐名"十方普觉寺"。然而无论唐、元还是明、清，官方的寺名始终不及"卧佛寺"这一俗称深入人心，至今依然如此。

　　卧佛寺前以木牌楼为起点，有一段为柏树夹持的引路，引路两侧砌红色矮墙，红墙翠柏，古木参天，荫翳蔽日，成为进入卧佛寺的精彩前奏，清幽庄严，荡涤心灵，冠绝西山诸刹。现存卧佛寺建筑组群为清代所建，坐北朝南，规模宏大，布局分中、东、西三路。

　　中路以一座巨大的四柱三间七楼五彩砖砌琉璃牌楼为外门，这座琉璃牌楼壮观辉煌，白色的须弥座基座，红色的墙身，黄绿色的梁枋斗拱，金色的琉璃，色彩绚丽，形制与国子监牌楼和北海大西天牌楼接近，并称壮丽。牌楼内为半圆形水池，池上有一道白石桥。与桥正面相对的为山门，山门之外，左右两旁，是钟鼓楼。进入山门，中轴线上依次为天王殿、三世佛殿、卧佛殿和藏经楼，可谓中规中矩，并不稀奇。奇的却是山门左右各有一个侧门，侧门连接廊庑，廊庑通向东西，再折

卧佛寺四柱三间冲天木牌楼后是一段古柏引路，清幽肃穆，冠绝京城

半圆水池上架一道单券白石桥，池中锦鲤游弋，桥身造型精练，比例匀称

而向北，串联东西配殿，一直延伸到中路最后一进藏经楼的两侧，将山门内的殿堂共同围合在一个纵长的矩形院落之内，即前文提到的所谓"重置空间"庭院。这种平面布局保留了唐宋古制，即所谓"伽蓝七堂"制度。梁思成在《平郊建筑杂录》中提到卧佛寺布局时说："这种平面布置，在唐宋时代很是平常，敦煌壁画里的伽蓝都是如此布置，在日本各地也有飞鸟平安时代这种的遗例。在北平一带（别处如何未得详究），却只剩这一处唐式平面了。"[1]

东路主要为寺院生活区，由南至北依次为斋堂院、禅堂院、霁月轩、清凉馆、祖堂院等6个小院。

西路为行宫院，为清代皇帝临幸居住休息之所，有三进院落，习惯上

---

[1] 梁思成著，林洙编：《梁》，中国青年出版社，2013年，第237页

卧佛寺大雄宝殿，面阔五开间，绿琉璃瓦黄剪边单檐庑殿顶，殿内供奉三世佛

称为一行宫、二行宫、三行宫。

　　整体而言，卧佛寺的布局，中路各殿堂重置于一个前后贯通的纵长院落中，东西两路各建若干院落，并与中路间隔有南北巷道，反映了唐宋古刹在东西廊外分列各院的"廊院制度"的遗风。

（五）大觉寺

　　大觉寺在北京市海淀区小西山山系的阳台山。寺后层峦叠嶂，林莽苍郁，前临沃野，境界开阔。寺始建于辽代，名清水院，亦为金章宗时著名的"西山八大水院"之一。该寺于明宣德三年（1428年）重修扩建，正式更名"大觉寺"。清康熙五十九年（1720年），当时的皇四子、后来的雍正皇帝对该寺进行了一次大规模修建。清乾隆十二年（1747年）又对其进行重修。以后又陆续增改，遂成今日之规模。雍正皇帝有一首御制大觉寺诗颇具意境："翠微城外境，峰壑画图成。寺向云边出，人从树杪行。香台喧鸟语，禅室绕泉鸣。日午松阴转，钟传说偈声。"[1]

今天的大觉寺以明代建筑、千年古银杏和三百年古玉兰而闻名京城。大觉寺建筑组群坐西朝东，布局保留了辽代契丹人的朝日习俗，包括中、北、南三路。

中路沿中轴线由东向西依次为影壁、山门、放生池、天王殿、大雄宝殿、无量寿佛殿、大悲坛，共四进院落。大悲坛后为园林区，沿中轴线继续布置了舍利塔、龙潭、龙王堂等建筑。北路为方丈院（北玉兰院）、僧房、香积厨等生活用房。南路为戒坛、清代皇帝行宫（即南玉兰院）、憩云轩等几进院落。南、北两路各有百年古玉兰一株，盛开时节，满寺芬芳。

大觉寺南约1千米的山坳间原有塔院一处，立有明、清两代僧人墓塔百

大觉寺山门殿，面阔三间，单檐歇山顶，两侧接八字影壁，气象不凡

[1] ［清］于敏中等编纂：《日下旧闻考》，北京古籍出版社，1983年，第1766页

由石桥看大觉寺天王殿。石桥采用砖砌栏板，天王殿前左为钟楼，右为鼓楼

余座，惜毁于20世纪70年代，今唯有明代周云端塔一座留存。

以下略述大觉寺主要殿堂布局。

大觉寺山门面阔三间，单檐歇山顶，两侧接八字影壁。山门内第一进院落极为开阔。山门内两侧建有秀美的碑亭两座，碑亭平面方形，重檐攒尖顶。北亭内为明碑，南亭内为清碑。碑亭旁古柏参天，意境绝佳。碑亭以西为长方形水池，其上架石桥一座，水中植红白莲花。石桥东侧有金代石狮两尊。水池西侧鼓楼、钟楼南北对峙。钟楼内悬有明宣德年间铸造的铜钟。再西为天王殿，面阔三间，单檐歇山顶。天王殿屋脊之上可见连绵起伏的阳台山。

天王殿后依次为大雄宝殿和无量寿佛殿，两座大殿形制接近，均为明代建筑，面阔五间，进深三间，单檐歇山顶，殿前均有宽阔的月台。天王

殿、大雄宝殿和无量寿佛殿的台基有高甬道相连，三殿由一以贯之的廊庑围合成贯通的廊院。无量寿佛殿前北侧有一株千年银杏，遮蔽天日，造型优美。明代殿堂、月台、甬道、栏板以及千年银杏共同构成了大觉寺最美的画卷之一。

　　大悲坛后为寺院之园林区，位于地势较高的山坡上。西南角上依山叠石，循磴道而上，有亭翼然，名曰"领要亭"，居高临下，可一览全寺风光和寺外群山之景。园的中部建有龙王堂，堂前辟一方形水池"龙潭"。环池有汉白玉栏杆，由寺外引入山泉，泉水自石雕龙首吐出注入池内。池水清澈见底，游鱼可数。院内还有舍利塔和辽碑等古迹，但水景和古树名木为此园主要特色。参天高树大部分为松柏，间以槲、栎、栾树等。浓荫覆盖，遮天蔽日，诚为夏日清凉世界。

大觉寺大雄宝殿与无量寿佛殿之间有千年古银杏，古殿古树互相辉映

大觉寺无量寿佛殿亦为明代建筑，形制与大雄宝殿相同，木构架不施彩绘，古朴典雅

大觉寺龙王堂，堂前为"龙潭"方池

（六）法海寺

法海寺坐落于北京市石景山区翠微山南麓，依山而建，东、北、西三面环山，南面向模式口敞开，面对永定河，气势壮观。寺院掩映在翠微山的万绿丛中，意境幽绝。寺始建于明正统四年（1439年），是由明英宗的近侍太监李童集资，工部营缮司建造的，明正统八年（1443年）竣工，明英宗赐额曰"法海禅寺"。清康熙二十一年（1682年）对该寺进行重修。中华人民共和国成立后亦对其有多次维修，重建了山门、天王殿、药师殿及藏经楼。法海寺尤以大雄宝殿内精妙绝伦的明代壁画闻名遐迩。

寺院坐北朝南，依山势分别将四进院落设置在四层平台之上。中轴线上依次建有山门殿、天王殿、大雄宝殿、药师殿和藏经楼。

大雄宝殿面阔五间，单檐庑殿顶，灰瓦黄琉璃剪边，屋顶曲线优美，屋檐四角设擎檐柱，是按明代官式建筑做法建造的重要殿堂。大殿立于台基之上，前出月台，月台南侧面刻有精美浮雕。月台前有两棵千年白皮松，皮若寒碧，枝繁叶茂，古意悠然。古树与佛殿构成了北京西山寺院之一类经典文化景观，潭柘寺、戒台寺、大觉寺等莫不如此。

大雄宝殿内原有三世佛像、十八罗汉像及李童供养像，皆为楠木雕像，十分珍贵，可惜在"文革"时被毁。殿内天花中央有3个曼陀罗藻井，皆为明代原物，中央藻井绘制毗卢遮那佛曼陀罗，东边藻井绘制药师佛曼陀罗，西边藻井绘制阿弥陀佛曼陀罗。3座藻井造型规范，工艺精细，为法海寺珍贵遗产。殿内天花由231块方格组成，每一方格内均绘有毗卢遮那佛曼陀罗，亦为明代遗物。

法海寺以精美绝伦的明代壁画驰名中外，壁画绘于大雄宝殿北檐

法海寺山门殿处于万绿掩映之中

墙、东西山墙及佛座背后板壁扇面墙上，共有10铺，总面积236.7平方
米，历经500多年，至今完整保存，极为珍贵。壁画完成于明正统八年
（1443年），由宫廷画师宛福清、王恕、张平、王义、顾行、李原、潘
福、徐福林等15人所绘。这些画师的名字被刻在寺内的楞严经幢之上，
至今完好。

　　大雄宝殿北檐墙东西两壁上的两幅壁画是《帝释梵天礼佛护法图》，
描绘的是佛教中的二十诸天（护法神）在参加佛会时礼佛的场景，由最高
达1.6米的36个人物组成，这些人物三五成组，左顾右盼，惟妙惟肖。其
中，帝后雍容华贵；天王身披甲胄，八面威风；力士赤身裸露，勇武刚
健。画面飘逸流动，细腻超群，令人惊叹。

　　大雄宝殿东西山墙上的两幅壁画，是高3.2米、长11米的《赴会

图》，画的是五佛十菩萨赶赴释迦牟尼法会的情景，以佛、菩萨、飞天造型为主，大小一致，画法不同。每幅壁画分上下两层。上层祥云缭绕，自北而南，观音菩萨六尊一组，红衣坐佛五尊一组，菩萨四尊一组，共3组；下层画有牡丹、月季、芭蕉、莲花和菩提树等植物花卉，间以山石流泉。

大雄宝殿佛座背后板壁墙上有3幅壁画，称为《三大士像》，是以三位菩萨为主角的绘画。中间的观音菩萨采用的是"水月观音"像，左边的是文殊菩萨，右边的是普贤菩萨，每幅壁画高4.5米，宽4.5米。其中"水月观音"线条柔美、慈悲四溢、望之心化，衣着饰物美轮美奂到无以复加，观音曲右膝盘左腿而坐，端庄脱俗，动人心魄，技法细腻，是明代壁画的杰作。

法海寺大雄宝殿

　　法海寺壁画在我国现存明代壁画中，从壁画艺术、保存规模、完整程度、制作工艺、表现技巧、人物造型及用料工法等多方面，均堪称我国明代壁画之最，可以同敦煌壁画、永乐宫元代壁画媲美。与敦煌壁画及永乐宫壁画相比，法海寺壁画的画风手法更为细腻精美，用料奢华考究，尤其是大量金粉的使用。法海寺壁画也堪与同时期意大利文艺复兴壁画比肩，是艺术史上的伟丽之作，可称"中国的西斯廷"。

　　清廷入主中原后，大肆修葺或恢复了不少明代寺院，但法海寺始终没有进入清代当朝者的视野，即使如艺术爱好者乾隆皇帝也没有听闻有法海寺壁画如此瑰宝。所以，有清一代267年，法海寺壁画藏于深山，无人得识。今天，我们可以有幸走进法海寺大雄宝殿，一览中国古代绘画艺术史

大雄宝殿前的白皮松

上的奇迹，观赏者须持手电筒在幽暗的大殿内观摩壁画，于幽微的光线中欣赏500年前的绝世壁画原作，缓步噤声，充满了庄严神圣之感，实为北京西山古刹寻幽中十分难得的体验。

古刹寻幽

第四章　建筑与造像

殿堂是寺院中重要建筑的总称。大致而言，殿是供奉佛像以供瞻仰礼拜祈祷的场所，堂是僧众说法行道和日常生活起居的地方。其名称，或按所供奉的主要神佛而定，或按其用途而定。一座寺院的典型建筑配置是这样的：主要建筑位于中轴线上，由前至后依次为山门殿、天王殿、大雄宝殿、法堂、藏经阁等，东西配殿则有伽蓝殿、祖师堂、观音殿、药师殿等，寺院的生活区包括僧房、香积厨、斋堂、职事堂、茶堂等。

佛寺中另一个特点是造像多，佛教供奉的佛像、菩萨像、罗汉像、神像种类极多，居世界各大宗教之冠。因此，佛教又被称为"像教"。

本章主要介绍寺院的各类殿堂，并结合殿堂讲一讲以释迦牟尼佛佛像为代表的各类造像，因为寺院殿堂主要是为了容纳相关佛像而建造的。

建筑特征

北京西山诸寺院的殿堂以中国传统木构架建筑为主。通过解析一座木构架建筑的平面、立面、木构架、屋顶、斗拱、外墙、内外装修等，可以对中国汉化寺院建筑的基本特征有清晰的了解。

（一）建筑平面

中国传统建筑最主要的特色为木构架结构体系。木构架的梁柱之间，

最合理且方便操作的构造连接关系为直角，这就决定了几千年来中国传统建筑的平面与空间的发展。建筑的平面一般都是长方形的，长的一面通常是正面，其长度尺寸叫"面阔"，短的侧面的长度尺寸称为"进深"。建筑的平面表现为一排排柱子组成的柱网，每两根柱子之间的空间就叫"间"，"间"实际上是由4根柱子上端架以4根横梁所围成的立体空间。"间"是中国古代建筑的基本构成单位，每座建筑包括若干间，间数一般是奇数，如果有三间，就叫三开间建筑，如果有五间，就叫五开间建筑。中间的一间叫作明间（又称当心间），明间两侧的称为次间，次间两侧的称为稍间。

寺院的建筑，如大雄宝殿、东西配殿、天王殿、法堂、藏经楼等殿堂，都是很规整的三间、五间、七间的建筑，开间的数量是建筑等级的重要标志之一。这些殿堂内部的佛像配置、供具陈列都经过长期筛选，形成定式，与建筑空间达到完美的融合，反映出这种标准定式建筑空间与礼佛布局和佛事活动的充分适应。

（二）建筑立面

中国古代建筑的立面可以分为上、中、下三个部分，造型趋于程式化。上分指屋顶，寺院建筑的屋顶多为四坡屋顶或两坡屋顶，屋顶也是中国传统建筑造型最引人注目的部分。下分指台基，依照使用功能和外形，大体可分为普通台基和须弥座台基两类。台基的层数，一般建筑用单层，隆重的殿堂用二层或三层。普通台基由夯土筑成，台基表面和四周用砖石包砌；须弥座由佛像座演变而来，形体与装饰比较复杂，一般用于高级殿堂（如寺院的主殿、佛塔的基座）。台基的上下交通通过设置台阶踏步解

决。中分就是屋顶和台基之间的屋身，屋身部分主要由柱子、墙体和门窗组成。

（三）木构架

北京西山寺院的建筑以木构架建筑为主体，中国古代木构架建筑分为大木作和小木作两个系统。大木作主要包括柱、梁、枋、檩、椽等承重构件，承担着房屋的结构受力任务；小木作包括门窗、天花以及室内隔断等，主要负责建筑的围合、分隔以及室内外装修的任务。北京西山寺院中殿堂的大木作通常采用抬梁式木构架体系。抬梁式的基本特点是在台基上竖立柱子，柱上搁置梁头，梁头上搁置檩条，梁上再用矮柱支起较短的梁，如此层叠而上，梁的总数可达3～5根。当柱上采用斗拱时，则梁头搁置于斗拱上。

（四）屋顶

工匠们费了很大的功夫架立梁柱，其最终目的是支撑一座大屋顶，以收到遮阳、挡雨、保暖和防风的功效，所谓"安得广厦千万间，大庇天下寒士俱欢颜"[1]。屋顶对建筑立面造型也起着特别重要的作用。它那远远伸

---

[1] 萧涤非、程千帆、马茂元、周汝昌、周振甫、霍松林等撰：《唐诗鉴赏辞典》，上海辞书出版社，1983年，第528—529页，杜甫诗《茅屋为秋风所破歌》

出的屋檐、富有弹性的檐口曲线、由举架形成的稍有反曲的屋面、微微起翘的屋角，形成了中国古代建筑最具魅力的外观特征。仰视屋角，角椽展开犹如鸟翅，故又称"翼角"。由于屋顶深远的出檐（唐、宋建筑尤为显著），中国木构架建筑犹如一只刚刚落地、翅膀依然张开的巨鹰，稳健地站在大地上，羽毛收敛，凝神静气，正在飞与不飞之间。庑殿、歇山、悬山、硬山、攒尖等众多屋顶形式的变化，加上灿烂夺目的琉璃瓦饰，使建筑产生了独特而强烈的视觉效果和艺术感染力。一座寺院是由多座单体建筑构成的建筑组群，它们的屋顶组合又使整座寺院的体形和轮廓线变得愈加丰富，从高空俯视，寺院的屋顶效果就更好了。

屋顶还是建筑等级的最重要标志之一，依不同等级而选择庑殿、歇山、悬山、硬山、卷棚或攒尖等式样。例如，碧云寺中轴线上的主要殿堂，根据其重要性分别采用了不同等级的屋顶形式：大雄宝殿为四坡的庑殿顶，天王殿和菩萨殿为四坡的歇山顶，普明妙觉殿为两坡的硬山顶。

等级最高的屋顶式样是庑殿，一般用于寺院中最主要的大殿，可用单檐，特别隆重的用重檐。庑殿的造型是一个四坡顶，单檐的有正中的正脊和四角的垂脊，一共有5条屋脊，所以又称为五脊殿。

歇山，也是四坡顶，等级仅次于庑殿，它由正脊、4条垂脊、4条戗脊组成，故称九脊殿，也有单檐、重檐的形式。其原型是两坡顶加周围廊形成的屋面形式，与庑殿的差别在于两侧的坡顶增加了两个三角形的垂直面，称为山花面。歇山的山花面有搏风板、悬鱼等，是装饰的重点所在。

悬山是两坡顶的一种，也是寺院建筑中最常见的形式。特点是屋面向两端延伸，悬伸在山墙之外，又称为挑山或出山。悬山一般有正脊和垂脊，较简单的仅施正脊，也有无正脊的卷棚。山墙处常露出木构架的柱、梁或枋，若围以砖墙，其山尖部分多砌成五花山墙。

硬山也是两坡顶的一种，但屋面只到两端山墙为止，不悬出山墙之外。其山墙大多用砖石墙，并稍稍高出屋面。一般北京四合院中的建筑都是硬山屋顶。

攒尖多用于面积不太大的建筑的屋顶，如塔、亭、阁等，特点是屋面较陡，无正脊，而以数条垂脊交合于顶部，其上再覆以宝顶。平面有方、圆、三角、五角、六角、八角、十二角等，一般以单檐的为多，二重檐的已少，三重檐的极少，但塔例外。

（五）斗拱

重要的殿堂在梁架与屋顶之间设置斗拱。斗拱是我国木构架建筑特有的结构构件，其作用是在柱子上伸出悬臂梁承托出檐部分的重量，并将屋面的大面积荷载经斗拱传递到柱上。它又有一定的装饰作用，是建筑屋顶和屋身在立面上的过渡。此外，它还作为中国古代建筑等级制度的象征和重要建筑的尺度衡量标准。

斗拱是中国木构架建筑最奇妙的构造，它是一座木构架建筑引人注目的部位，也是数千年中国建筑发展史的关键。自梁思成以来，斗拱吸引着许多中外建筑学者耗费力气来研究其奥秘。"斗拱"将受力的建筑构件化整为零，变成数十上百个小构件，再将这些小构件运用榫卯的构造关系组合成一个大构件，于是产生许多节点，化解外力并传递重量。一座大的建筑，如唐代的五台山佛光寺东大殿或明清的紫禁城太和殿，它的斗拱构件数量可达数千个之多。

分解一组斗拱，可以看到它主要由水平放置的方形斗、升和矩形的

拱以及斜置的昂组成。向外悬挑的华拱是短悬臂梁，是斗拱的主干部件；"斗"是拱与昂的支座垫块；"昂"是斜的悬臂梁，与华拱的作用相同。还有一些和上述拱、昂横向相交的拱和斗只起联系作用而不起承重作用或承重作用较小。

古代的木构架殿堂屋檐挑出可达3米左右，如无斗拱支撑，屋檐将难以保持稳定。唐宋以前，斗拱的结构作用十分明显，布置疏朗，用料硕大；明清以后，斗拱的装饰作用加强，排列丛密，用料变小，远看檐下斗拱犹如密布一排雕饰品，但其承托屋檐的结构作用仍未丧失。斗拱这种构件非常奇妙，仿佛多余，却有着实用的受力作用，更像一种赞美，就像诗歌中的"兴"一样，要彰显出材料、词语本身的力与美。斗拱是美的出场！

（六）外墙

殿堂外墙根据位置不同分为山墙、槛墙和后檐墙3种。山墙是建筑平面两端的墙，两坡屋顶的建筑，从两端看都是两头低，中间高，因而建筑两端的墙也必然是中间高起，两头低下，墙顶部呈三角形，有点像山峰，故名山墙。槛墙是建筑正面窗户下面的墙，由窗台一直到地面。槛墙虽矮，但位置显眼，有时会在墙心用砖拼出各种图案。建筑的后墙称为后檐墙，从地面一直砌到屋檐下。

（七）装修与装饰

装修可分为外檐装修和内檐装修。外檐装修在室外，如走廊的栏杆、檐下的挂落和对外的门窗等。内檐装修在室内，包括各种隔断、罩、天花等。装饰包括粉刷、油漆、彩画以及利用建筑材料和构件本身色彩和状态的变化等。

寺院中各类建筑的对外门窗装在檐面木构架的两根柱子之间，称为"隔扇"[1]。所谓隔扇就是对外的门、窗，也可作内部隔断。一座建筑物的外门通常在中间的明间，由四、六、八扇隔扇组成，称为隔扇门。隔扇大致可划分为花心与裙板两部分。花心是隔扇上半部透光通气的部分，中间以细木构成方格、菱花、万字、冰裂纹等各种图案，称为"棂子"，可作为裱糊窗纸或安置玻璃的骨架；裙板是隔扇下半部的木板，表面雕刻如意、海棠、鸟兽、花卉、吉祥文字等。

隔断是建筑分隔室内空间的装修，常见的隔断形式有隔扇、花罩、落地罩、博古架、碧纱橱等。天花，即现代建筑中的吊顶或顶棚。寺庙的高等级建筑常用木龙骨做成方格，称为支条，上置木板称为天花板，上施彩画。藻井是高级的天花，一般用在殿堂明间的正中，如佛像之上，形式有方形、圆形、八角、斗四或斗八形等。

一座木构架建筑的建造，必须首先做好台基，使室内地面高于室外地面，以求达到防水、防潮和保持室内干燥洁净的目的。台基上则按柱网（柱子在平面上的分布状况）安置石质柱础，其作用是保护柱子不受地下水上升侵蚀而导致腐烂。木架立起后，即可铺盖瓦屋顶、砌墙、安装门

---

[1] 隔扇，亦作"槅扇"

窗、油漆粉饰，最后铺设砖地面或石地面。

（八）生活的建筑

中国人没有西方意义上的宗教意识，对佛教建筑有什么影响呢？我们知道西方的建筑史，几乎等于宗教建筑史。在西方的历史上，自古埃及、古希腊、古罗马、中世纪、文艺复兴，直到19世纪，建筑上的重要作品几乎完全是神庙或教堂。中世纪的哥特大教堂在今天看来，仍然是技术上的奇迹，常要经历百年以上，经数代人的心血来完成，而百姓自己的住处则为土墙茅舍。西方的建筑表现了强烈的宗教文化精神。

中国建筑是以人为主的，从来就是为生活而存在的。在历史的发展过程中，中国文化自刻板的礼的时代逐渐进入活泼的现世时代，随之，建筑象征的成分越来越少，生活的成分越来越多。因此中国建筑几千年来，就顺着中国文化的渐变而渐变，忠实地反映出中国人的生活追求。士人阶层怎样在世界上求得心灵的安顿，统治阶级怎样展示其权力的象征，富商巨贾怎样追求生活的逸乐，都能表现在简单而几近原始的建筑空间架构上，可谓世界建筑上的奇迹。所以，中国的建筑比较适当的称呼是"生活的建筑"，与西方建筑是"宗教的建筑"，在文化性质上是大不相同的。

纵观我国的建筑史，宗教的功能往往居于次要地位。在佛教传入以前，我国是没有宗教建筑的，只有礼制建筑。宗教建筑最发达的时期，就是南北朝至唐代末年，正是佛教最兴盛时期。今天遗留下来的少数宋代以前的木构架建筑，如山西五台佛光寺大殿，表现了内在宗教精神。与建筑有关的纪念性艺术，如雕塑，大体上也兴盛于这段时期。南北朝初期自域外传来的石窟寺及佛教造像，经北魏、北齐，至隋唐而成熟汉化，到唐末已趋衰微；宋元以后渐渐失去其肃穆、庄严的宝相，走向世俗化，失去主要艺术地位了。

中国文化的本质即使在宗教意识较强的时代也持续成长着。六朝时产生山水画、山水诗的时代，至唐宋而大成。悠游于"山水"的观念反映了中国人对宇宙和人生的看法，所以严格说来，到了宋代，中国的文化特质才通过艺术形式完全表达出来。由于这样的文化特质，中国的宗教建筑，其中最重要的是佛教寺院，始终没有突出于人的生活之外，造成一种超世的形式与威严的气势。寺院建筑在规模上不但无法与皇帝的宫殿相比，甚至无法超过府县的衙署或官员士绅的宅第。在寺院建筑格局上，自外来的佛塔的地位从宋代开始消失以后，寺院与居住建筑也没有本质上的分别了，舍宅为寺或还寺为宅的事并非鲜见。因此，寺院中除了香烟缭绕之外，与住宅实在是同样的亲切，中国一直没有发展出一种森严而神秘的宗教建筑环境。

西方宗教精神在建筑上表现出对永恒感的追求，这就是纪念性。纪念性是不计成本，不计岁月，用最坚固的材料，刻画最细致的纹样，建造最牢固的殿堂。欧洲的教堂常常要花几代人的时间，消耗几个世纪去完成。这些注入生命的建筑予人的感觉是超世的和悲壮的。

永恒的超世感和悲壮感在中国文化中是不存在的。我们不相信永恒，却承认生命必然要消逝，所谓"寄蜉蝣于天地"，认识生命短暂而接受这一事实，是中国人的智慧。"生命不满百，常怀千岁忧"，这是一种生命态度的哲学思维。中国人了解只有生命才能延续生命，所以我们重视后代的延续，注重家族的繁衍和兴盛。建筑只是一种生命中的工具，它并不成为人生的永恒价值之所寄，它只是在一定时间、空间中为我们遮风避雨，过一种和谐的社会生活，并满足我们心灵的需要而已。

所以中国建筑没有尝试大面积使用石材这种被认为是永恒的材料，也没有认真地将砖用作建筑材料，即使在寺院等宗教建筑中也是如此，虽然有所谓砖砌的无梁殿，也只是出于建筑防火的实用目的而将其用于存放佛经。事实上，我国至少在西周时期就发明了瓦，春秋时期已有了砖，到汉代甚至有了空心砖，这在当时是世界领先的水准。在汉代，我们也有了相当成熟的砖券拱技术，主要使用在地下墓室的建造上。南北朝时期，石作技术大为进步，到隋代，石拱的技术已炉火纯青，跨度达37米的赵州桥即是明证。然而中国人没有把砖石这种较耐久的材料使用在建筑上，使我们今天几乎无法看到古代建筑的状貌。

木材作为建筑材料，其寿命是短暂的，几乎与人的寿命相当，因此中国建筑的生命似乎应合了人生的悲欢离合。当人生的成就辉煌时，建筑也兴盛发展，朱门碧瓦，雕梁画栋，呈现出一片欣欣向荣的气象。当人生的运势衰败时，建筑不会像西方的砖石房屋，屹立无恙，漠然地注视着世态转变。它们是有生命的，自然就随着主人而衰败了。北京西山的寺院建筑，每逢王朝的盛世就兴盛发达，而在王朝的末世，自然也就残败失修了。

对于中国古代的人而言，一座古老的建筑的倾圮是天经地义的。古老的建筑如同一件穿旧的衣服，旧的不去，新的不来，并没有保留的价值。岁月磨洗，建筑损毁。虽令人惋惜，但势所必然。我们的文化向来主张"除旧布新""推陈出新"，新的就是好的，所以古老建筑的保存对于古人来说是陌生的观念。这与今天的历史建筑保护理念是有巨大差别的。对于寺庙建筑也是如此。当然木构建筑自身的寿命缺陷也是原因之一，木构建筑维修普遍，在修建庙宇的碑文中"修葺、大修、岁修、重建"等字样随处可见。重修殿宇，再塑金身，拆去旧屋，另建新殿，更被颂为无上功业和美德。而关于重修后的效果，人们不约而同地提到"焕然一新"一词。当然，这种传统修葺与当代建筑遗产保护的出发点和立足点有根本区别，所以在寺院的介绍中，经常会看到某某寺始建于汉代或唐代，但是寺院建筑多为明清以后所建，甚至为近现代所重建。

金刚天王像

佛寺的前殿，包括山门（山门殿）、钟楼、鼓楼、天王殿这一组建筑。有的小型寺院限于条件，常将山门与天王殿合并，甚至取消钟楼和鼓楼。大型寺院理应齐备，入山门，东为钟楼，西为鼓楼（从坐北朝南的方向看，左钟右鼓），再进则为天王殿。

（一）山门

佛寺大门称为"山门"。"天下名山僧占多"，寺院多位于山林之地，故有此称。山门一般都是三门并立，中间一大门，两旁各一小门。这三座门通常建成殿堂式，至少把中间的一座盖成殿堂，叫山门殿或三门殿。例如，大觉寺山门面阔三间，单檐歇山顶，两侧接八字影壁。其山门前数十米处还建有一字影壁一座。影壁与山门间道路两旁古树繁茂，姿态苍劲，原为山门前一段富有意境的铺垫，可惜这一区域现为停车场、小摊位占用，颇显混乱，破坏了寺前原有的清幽禅意。

大觉寺山门

　　山门殿内通常左右各塑一尊金刚力士像。金刚力士是手持金刚杵、守护佛法的护法神，只是一个人，所以中国早期佛寺的金刚力士像是只有一尊的。但这不符合中国人喜爱对称的习惯，于是后来就又添了一位。

　　现今佛寺山门内左右侍立的金刚力士像，都是面貌雄伟，作愤怒状，头戴宝冠，上半身裸体，手执金刚杵，两脚张开。两座像所不同者，只是左像怒颜张口，右像愤颜闭唇。据说，左像开口发"阿"声，右像闭唇发"吽"声。按佛家说法，这两个音原是梵语中开头和结尾的两个音，它们有神奇色彩，一开一合，是一切言语音声的根本。世俗中人根据《封神演义》中的戏言把它们中国化了，说它们是"哼哈二将"，佛教经典中是没有这种名称的。这就把梵语的"阿""吽"二音，转换成中国人很熟悉的

带有感情色彩的"哈""哼"两个字，非常通俗大众化了。《水浒传》中有鲁智深醉打山门一节，用小说化的语言描写了花和尚醉酒闯山门，把山门内左右两座金刚力士像打倒在地的情节。

（二）钟楼与鼓楼

进入山门，便可见到东钟楼、西鼓楼，钟楼、鼓楼的建筑形制相似，一般为方形平面的二层楼阁式建筑，屋顶多为歇山顶或攒尖顶。所谓"晨钟暮鼓"，即早晨先击钟，以鼓应之；晚上先击鼓，以钟应之。击钟用杵，宜缓，使其扬声悠长。大钟上铸有经文及铸作年代、因由、施主和铸工姓名，可为寺院考证之资。钟声能使人警悟，发人深省，引人遐思，所以每为墨客诗人歌咏时灵感所寄，最著名的钟声，无疑是"姑苏城外寒山寺，夜半钟声到客船"[1]。

寺院的钟楼、鼓楼通常位于山门之内，但也有例外，卧佛寺的钟鼓楼就在山门前左右，再前为半月形水池及小石桥，石桥雕刻精美，更前为琉璃牌楼（相当于外山门）。牌楼、钟楼、鼓楼、山门及水池小桥组成了卧佛寺的第一进院落，极为幽静、疏朗，意境颇佳。

---

[1] 萧涤非、程千帆、马茂元、周汝昌、周振甫、霍松林等撰：《唐诗鉴赏辞典》，上海辞书出版社，1983年，第634页，张继诗《枫桥夜泊》。

卧佛寺钟楼

（三）天王殿

自山门往里走，迎面第一重殿宇便是天王殿。殿内常供六尊像，中间供弥勒，面对山门；其背后供韦驮天，面对大雄宝殿。二位背靠背，中间隔着板壁。殿内两侧供四大天王像。

1. 弥勒像

"弥勒"是梵语的音译，意译"慈氏"。有的寺院设置慈氏阁，就是专门供奉弥勒的殿阁，如河北正定隆兴寺慈氏阁。弥勒的形象基本有两种：一种是做成佛像，为过去、现在、未来三世佛之一，常陪着释迦牟尼安置在大雄宝殿，不能离"三世"而独立安置；另一种为菩萨装，常戴天冠（类似于京剧中的唐僧帽），每每单独供奉。

今北京广济寺天王殿，供奉的就是天冠弥勒像，为着菩萨装的弥勒本相。可是，近世佛寺天王殿正中主尊，都供奉袒露大肚皮、笑口常开的大肚弥勒。

2. 四大天王像

四大天王又称"护世四天王"。四大天王造像传入中原时，途经西域，沾染上于阗一带的风习，面目为之一变。其在汉化寺院中长期驻扎下来的时候，已是隋唐时代。看他们的扮相，像汉化了的西域武将，与印度的很不相同了。其再经过不断汉化，到明清时期定型为现在寺院中所见的样子。

大觉寺天王殿四大天王造像1

大觉寺天王殿四大天王造像2

碧云寺罗汉堂前殿四大天王造像1　　碧云寺罗汉堂前殿四大天王造像2

古刹寻幽

3. 韦驮天像

韦驮天，与大肚弥勒佛背靠背，中隔板壁。他是佛寺的守护神，世称"韦驮菩萨"。他的塑像，通常有两种姿势：一种是双手合十，横宝杵于两腕，直挺挺地站立；一种是左手握杵拄地，右手叉腰，左足略向前立，有点像今天的稍息姿势。他面向大雄宝殿，注视着出入行人的一举一动。

大觉寺天王殿韦驮天造像

大雄宝殿

天王殿再往北，就是正殿，俗称"大殿"，正名"大雄宝殿"。这是供奉佛教缔造者"佛"的大殿。"大雄"是称赞释迦牟尼威德高尚的意思。大雄宝殿是整个寺院中建筑形制最隆重、等级最高的单体建筑，主要体现在建筑的面阔与进深的间数、屋顶的形式、台基的形制与高度，以及斗拱、装修与装饰等方面。例如，潭柘寺大雄宝殿面阔五间，进深四间，用黄琉璃瓦绿剪边重檐庑殿顶，两层台基，殿前有月台，四周绕以汉白玉栏杆，俨然宫殿，规格也高于一般佛寺，为清康熙三十一年（1692年）敕建；大殿屋顶正脊鸱吻造型古拙、气韵生动，或为元代遗物。

大雄宝殿供奉的主要佛像称为"本尊"（又称主尊），但究竟供的是哪位佛呢？随着各时代崇尚的发展变化和佛教宗派之不同，出现了多种情况。从主尊的数目看，一般就有一、三、五、七尊4种。佛名尊称也有释迦牟尼佛、阿弥陀佛、药师佛、弥勒佛、燃灯佛、毗卢遮那佛、卢舍那佛等多位。还有成组出现不可分的五方佛佛像五尊，过去七佛佛像七尊。

（一）释迦牟尼佛像

大雄宝殿中供一位主尊的，一般供奉的是佛教缔造者释迦牟尼佛的像，有3种典型姿态。

潭柘寺大雄宝殿正脊鸱吻

一种是结跏趺坐（俗称盘腿打坐），左手横放在左脚上，名为"定印"；右手直伸下垂，名为"触地印"。这种造像名为"成道相"，表现的是释迦在菩提树下成道的瞬间。

再一种也是结跏趺坐，左手横放在左脚上，右手向上屈指作环形，名为"说法印"。这种造像是"说法相"，表现释迦在法会上说法开讲时的瞬间。

释迦牟尼佛的"制式"坐像就是上述两种。其还有一种立像，左手下垂，右手屈臂向上伸，名为"旃檀佛像"。

大雄宝殿中的释迦牟尼佛像，典型姿势就是这3种。其一般身披通肩或袒右肩袈裟，手上绝不持任何物件。

佛像安置于台座上，一般为"莲花座"，即莲花形的台座；也有方形

的，象征须弥山，称为"须弥座"。讲究的大殿佛像台座，通常为莲花座下以须弥座为台基。须弥座，在中国传统建筑的营造法则中，逐渐成为高等级建筑的台基的定式做法，即须弥座台基。当然，须弥座作为佛像的基座时带有自己的特色，其制式为多层煞腰台座，腰部常雕绘各种鬼神力士。

佛像后一般安置背光，以象征佛的身光。背光常做成极为华丽的叶形屏风状，还可细分为项光（俗称"头光"）、身光等层次。壁画中的佛像，项光常为圆形，简单的在头外画个圆圈就是；身光，简单的也是在身两旁或身后画或塑出曲线就可以了。但塑像后的屏风状背光常常华丽繁缛，讲究很多，时代风格各异。

释迦"说法相"

河北正定隆兴寺大悲阁殿内承托佛像的须弥座

只有佛和高级有名号的菩萨（特别在其不作为胁侍而单独供奉时）才项光、身光齐备。一般来说，罗汉、诸天、级别低的菩萨（如供养菩萨）都只有项光而无身光，乱加身光给资格不够者是不行的。

（二）阿弥陀佛像

净土宗的寺院中，也有在大雄宝殿里供奉阿弥陀佛的。阿弥陀佛是音译，意译是"无量寿佛"。

大觉寺主要大殿有两座，除了大雄宝殿之外，紧随其后单独设置无量寿佛殿。两座大殿均为明代原构，形制相近，都是面阔五开间，单檐歇山顶，木材以

大觉寺无量寿佛殿月台的栏板上浮雕出栏杆造型，颇为独特

原色示人，殿门窗花饰作古钱式，做工精美。殿前均有宽阔的月台，四周绕以白石栏板，栏板不雕成透空栏杆，仅在栏板上浮雕出栏杆造型，颇为独特。无量寿佛殿供奉的主尊就是阿弥陀佛像。主尊板壁后有一组大型海岛观音壁塑，形象生动，为难得之佳作。

（三）三佛同殿

大雄宝殿中供三尊佛为主尊的，称为"三佛同殿"，情况比较复杂，主要有3种安排方式。

一种是"横三世佛"。这里的"三世"，指三个空间世界，以其同时

古刹寻幽

存在，故名"横三世"。这三尊佛分别代表中、东、西三方不同世界中的佛。在大雄宝殿中的安排是：中间一尊是中央娑婆世界的释迦牟尼佛像；其左边是东方净琉璃世界的药师佛像，汉化佛教的药师佛的典型形象是左手持钵，内盛甘露，右手持药丸；其右边是西方极乐世界的阿弥陀佛像，阿弥陀佛掌中有莲台。三世佛旁边有的各有两位胁侍菩萨立像或坐像，释迦牟尼佛的胁侍为文殊、普贤两菩萨；药师佛的胁侍为日光、月光两菩萨；阿弥陀佛的胁侍为观世音、大势至两菩萨。

大觉寺大雄宝殿的木构架及门窗彩绘褪尽，露出木材原色，朴素淡雅，极富古意。檐下匾额书"无去来者"四字，为乾隆御笔。殿内供奉的主尊就是横三世佛，殿内两侧塑二十诸天像，皆为明代塑像，极为精致。殿内佛座上方有蟠龙藻井，造型精美。

除在大雄宝殿中供奉药师佛外，有些寺庙还单设一"药师殿"供奉。

另一种是"竖三世佛"。这里的"三世"，即过去、现在、未来三世，以其在时间上是连续的，故俗称"竖三世"。在大雄宝殿中的安排是：正中的是现在的释迦牟尼佛像，左侧为过去的燃灯佛像，右侧是未来的弥勒佛像。

再一种是"三身佛"。大雄宝殿多依据天台宗的说法而塑造三身佛。所谓"三身"：一为"法身"，二为"报身"，三为"应身"。供三身佛的安排是：中尊为"法身佛"，名"毗卢遮那佛"；左尊（位于中尊的左侧）为"报身佛"，名"卢舍那佛"；右尊（位于中尊的右侧）为"应身佛"，即释迦牟尼佛。

（四）五方佛像

大雄宝殿中供五尊佛的多见于宋、辽古刹遗构中，如山西大同华严寺

144

大雄宝殿、福建泉州开元寺大雄宝殿等处。这五佛通称东西南北中"五方佛"，又名"五智如来"，一般属密宗系统。其安排是：正中为法身佛，即毗卢遮那佛；左手第一位为南方宝生佛；左手第二位为东方阿閦佛；右手第一位为西方阿弥陀佛；右手第二位为北方不空成就佛。

有的寺院另设"毗卢殿（阁）"或"千佛殿（阁）"来安设这"五智如来"。潭柘寺主轴线上最后一座殿堂即为毗卢阁，平面七开间，两层楼阁式建筑，硬山屋顶，殿内供奉的就是"五方佛"。

戒台寺主轴线大雄宝殿后第二层平台上的主体建筑为千佛阁，已毁（今已复建）。从老照片上看，千佛阁一层面阔五间带周围廊，二层面阔三间带周围廊，屋顶为单檐庑殿顶。据明《帝京景物略》记载，在千佛阁上可俯瞰永定河，"上千佛阁俯浑河，正曲句其三面，如玦

潭柘寺毗卢殿

然"[1]。千佛阁通常是在贯通上下两层的殿阁正中设立一腰鼓状的"金刚界",上面布满浮雕小千佛。在其顶端正中高大的莲花座上坐着大型塑像毗卢遮那佛,面向殿门。比这略小略矮些,在面向四方的4个莲花座上,坐着东西南北四方佛,雕像也略小些。这四方四位佛又称"金刚界四佛"。

(五)环绕主尊佛像的群像

在大雄宝殿中,环绕主尊佛像的群像配置大致可分3类。

主尊两侧,常有"胁侍",即左右近侍。释迦牟尼佛的近侍,一种配置是老"迦叶"、少"阿难"两大弟子,另一种是两位菩萨。还有两弟子、两菩萨并侍的,更有加上天王、力士的。其他佛的胁侍常为两位菩萨。这样一组群像,通称"一铺",一般有三尊(佛加两弟子或两菩萨)、五尊(佛、弟子、菩萨)、七尊(再加两天王)、九尊(再加两力士)等多种配置。晚近寺院中常用三尊一组的配置法,或仅供主尊。碧云寺大雄宝殿供奉的就是五尊一组的群像,中间是释迦牟尼佛像,两侧分别是迦叶、阿难两弟子像,再加文殊、普贤两菩萨像。

大殿内东西两侧,多塑"十八罗汉"像。原为16位,五代以后又加上了两位,成为"十八罗汉"。个别也有塑"二十诸天"像的。到了明代,又加入了道教四神,成了24位天神。

[1] [明]刘侗、于奕正著,孙小力校注:《帝京景物略》,上海古籍出版社,2001年,第450页

建筑与造像

河北正定隆兴寺摩尼殿内的明代海岛观音像，坐于群峰之中，四周祥云缭绕，闲适自在，温文尔雅，鲁迅先生称之为"中国最美的观音"

佛坛板壁背后，常塑三大士像即观音、文殊、普贤三尊菩萨像，或一堂"海岛观音"，或仅供一尊菩萨像（多为观音或文殊），面向后门。

（六）配殿

大雄宝殿前两旁常有东西配殿。东配殿一般是伽蓝殿，西配殿一般是祖师殿。配殿通常为两坡顶的悬山或硬山房屋，面阔、进深都较主殿小得多。

伽蓝殿的伽蓝特指"祇树给孤独园"。伽蓝殿正中供的是波斯匿王，左方为祇多太子，右方是给孤独长者，以纪念这三位最早护持佛法建立伽蓝的善士。殿内两侧常供十八位伽蓝神，他们是寺院的守护神。在汉化寺院中所塑，相当中国化，常有加供关公（关羽）的，多为在殿中另作一小龛供奉。

西配殿是祖师殿。此种布局以禅宗寺院最常见，为纪念禅宗奠基人（祖师）而建，但是其他宗派寺院往往仿效其制。殿的正中供禅宗初祖达摩禅师（？—528年，其去世时间亦有说532年或536年），他是禅宗理论的输入者；左侧供六祖慧能禅师（638—713年），他是禅宗的实际创立者；右侧供百丈禅师（720—814年），他法名怀海，在洪州百丈山创禅院，故称百丈禅师，他是禅宗清规的制定者。

（七）法堂

大雄宝殿之后为法堂，亦称讲堂，是演说佛法皈戒集会之处，在寺院中是仅次于大殿的主要建筑。法堂的特点是：除一般性的安置佛像外，首先，堂中设法座。法座就是一个上置座椅的高台，供演说佛法之用。法座后悬挂象征释迦说法传道的图像。法座之前置讲台，台上供小佛坐像以象征听法诸佛。下设香案。两侧列置听法席。其次，堂中设钟、鼓，左钟右鼓，上堂说法时击钟鸣鼓。

有些寺院没有法堂，则可在其他殿堂说法。例如，在大雄宝殿中安设临时性法座，即可用于说法。

（八）家具陈设

寺院殿堂的布置，除塑像、壁画外，还有比较固定的各种家具陈设。这种陈设，以在大雄宝殿中安置的为最多最全，最具代表性。

首先是"庄严"。庄严是美盛华丽的装饰物。佛殿的庄严，主要是宝盖、幢、幡、欢门。

宝盖，又名华盖、天盖，是由古代王者出行时上覆的圆形平顶伞状物衍化而来的，罩于佛像之上。木制、金属制、丝织品制的都有。

幢，本为一种手持的柱状上有平顶垂长流苏绦子的物体，又称宝幢，是佛、菩萨的庄严标识。一般用丝织品或棉布制成。幢身周围置8个或10个间隔，下附4条垂帛。上面或绣佛像，或施彩画。每一佛前多置四幢，或把四幢分置于宝盖四角。

幡，又称胜幡，是长条状物。幡上一般只能写经文。幡列置于佛坛四周，多少不限。

欢门，是悬于佛前的大幔帐。上面常以彩丝绣成飞天、莲花、瑞兽珍禽、奇花异卉，是一种手工艺品。一般两侧垂幡，故又称幡门。欢门前常当空悬挂供佛琉璃灯一盏，称为"长明灯"。

其次是供具。供具又称供物，指供养佛与菩萨用的物品。正规的供具有六类：花、涂香、水、烧香、饭食、灯明，依次表示布施、持戒、忍辱、精进、禅定、智慧等"六度"。一般俗称的供具，具体指供设以上六类物品的器具。其中最常用的是香炉一个，花瓶、烛台各一对，称为"三具足"（种类为三）或"五具足"（个数为五）。这是放在长条香案上的。香案后设方形如方桌状的供台，安置上述六类表"六度"的供具。供台四周用丝绣桌帏掩覆。供台前常另设一方形小香几，几上放紫檀木香盘，上置一个小香炉两个香盒，香盒各盛檀香和末香。盘前挂一个丝绣红底小幛。除上述桌上用的烛台以外，地上左右分置一对长檠（灯架），其高度在五尺至八尺之间，约相当于一人到一人半高。上安木盏，供点燃大蜡烛用。檠身多用粗壮的好木料制成，常施繁缛的雕刻或彩绘，是一种高级的工艺品。

百变观音造像

（一）中国菩萨造像

　　菩萨，梵文音译"菩提萨埵"，略称"菩萨"。汉文佛典中著名的菩萨有弥勒、文殊、普贤、观世音、大势至、地藏等几位。菩萨的形象与装束，唐代开始基本定型。大致是面作女相，圆盘脸（宋代以后变长），长而弯的翠眉，凤目微张，樱桃小口；高髻或垂鬟髻，多出来的长发垂在肩上，戴宝冠；上身赤裸或斜披天衣，有帔巾，肤色润泽、莹洁、白皙，戴项饰、璎珞、臂钏；腰束贴体羊肠锦裙或罗裙，两足丰圆。总之，繁丽的衣饰，是加上中国人想象的古代印度贵族服饰，又夹杂有唐代贵族妇女时装，是两者奇异而又调谐的混合。这就是中国化了的菩萨造像。

（二）观音造像

　　在佛教中，观世音菩萨是西方极乐世界的上首菩萨，也是汉化佛教中最著名的菩萨。"观世音"，是梵文的意译，因避讳唐太宗李世民的名讳，后来简称"观音"。以观音为主尊的佛殿习称"大士殿"，俗称"菩萨殿"。供三位菩萨为主尊的，常为观音居中，文殊在左，普贤在右，称为"三大士殿"；专供观音的，常称为"圆通殿"，盖以观音曾有"圆

通"美名之故。观音道场浙江普陀山普济寺大圆通殿是其中巨擘。

观音以各种化身出现，化身共六种，称为"六观音"。天台宗与密宗定名不同，大致一依作用，一按形象而定。密宗所传称谓为（括号中为天台宗称谓）：千手千眼观音（大悲观音）、圣观音（大慈观音）、马头观音（师子无畏观音）、十一面观音（大光普照观音）、准胝观音（天人丈夫观音）、如意轮观音（大梵深远观音）。

圣观音是观音的总体代表，其形象可视为观音的标准像，故又称"正观音"。其形象为戴天冠，天冠中有阿弥陀佛像，结跏趺坐于莲花座上，右手持半开莲花一枝，左手结大悲施无畏印（即横臂当胸侧，拇指尖顶在食指尖上，中空成圆形，其余三指直竖而微微分开）。

千手千眼观音像，寺院中亦常见，其典型塑法画法有二。一种是实有千手：法身八手最大，其中二手合掌；报身四十手细小些，其中二手合掌，其余三十八手各执种种法器，手中各有一眼；化身九百五十二手，手中各有一眼，分五层或十层如孔雀开屏般后插。此种造像常成为精美艺术品。另一种是简化了的造型，一般寺院中均采用该式：两眼两手之下，左右各具二十手，手中各有一眼，共四十手四十眼，又各配上"二十五有"（指三界中25种有情存在的环境，也有25种功用之说），$25 \times 40 = 1000$，而成千手千眼。

马头观音像，顾名思义，头是马头（马头上安置坐莲花座的观音标准小像），身是菩萨身，一般右手捻莲花，左手持武器（常为长柄大斧），或坐或立。此像形貌愤怒威猛，象征摧伏妖魔时之状，又称"马头明王"。

十一面观音像，有十一个颜面，象征菩萨修完"十地"（修行的十个阶位），到达第十一地即佛地。由于描述其形象的佛经说法不一，

河北正定隆兴寺大悲阁千手千眼铜观音像，像高24米，铸造于北宋开宝四年
（971年），是我国古代铜制工艺品最大的一件遗物

故各寺所见形象略有不同。一般当前三面作菩萨善面慈悲相，左厢三面作瞋怒相，右厢三面似菩萨面而作白牙上出相，当后一面作暴怒大笑相，顶上一面作佛面相。各戴宝冠，宝冠中有阿弥陀佛像。有二臂、四臂两种造型。二臂者常为左手执莲花，右手作施无畏印，臂挂数珠一串；四臂者常为右一手把念珠，右二手作施无畏印，左一手持莲花，左二手持净瓶。

"准胝"是音译，意为"心性洁净"。准胝观音常为女性形象，有三目十八臂。三只眼分别代表惑、业、苦的三慈眼。

如意轮观音像常为六臂金身像，右第一手支颐，是为"思维相"；左第一手按在一座山形物（光明山）上；另外4只手分持的是：如意宝珠（表示能满足众生祈愿）、轮宝（表示转法轮），此二宝为"如意轮"法号之源，还有念珠、莲花。

（三）大佛阁

以上"六观音"像在寺院中常见。不过除圣观音像外，一般都不作为主尊供奉。需要特别指出的是，千手千眼观音、十一面观音常塑造为高达十几米甚至二三十米的巨像，要容纳这种峙立的大尺度造像就需要建造专用的多层楼阁式建筑——大佛阁，或称观音阁。

楼阁建筑在我国具有悠久的历史，史籍中记载了汉代上林苑中数十种不同楼观，供帝王欣赏珍禽异兽和围猎场面。楼阁在宋代绘画中更是屡见不鲜，界画中的仙山楼阁，屋顶形式多样，且四周悬挑出平坐栏杆，使人可登高凭栏远眺，所谓"欲穷千里目，更上一层楼"。楼阁在中国又是最富诗意的建筑，历史上的名楼常见于诗文中，如李白"故人西辞黄鹤楼，

烟花三月下扬州"[1]，杜甫"昔闻洞庭水，今上岳阳楼"[2]，范仲淹《岳阳楼记》中"登斯楼也，则心旷神怡"[3]。

古代楼阁虽然令人向往，但其构造不易抗震抗风，因此完整保存下来的并不多见。幸运的是在一些佛教寺院中的观音阁（大佛阁），尚能令我们一观楼阁建筑风采。天津蓟州区独乐寺观音阁、河北承德普宁寺大乘阁、河北正定隆兴寺慈氏阁、北京颐和园佛香阁都属杰作。除颐和园佛香阁外，它们有一个共同特点，即均为一座内部空间上下贯通的空筒式木结

独乐寺观音阁的木构架技术及建筑艺术成就被誉为中国古建筑之典范

[1] 萧涤非、程千帆、马茂元、周汝昌、周振甫、霍松林等撰：《唐诗鉴赏辞典》，上海辞书出版社，1983年，第300页，李白诗《黄鹤楼送孟浩然之广陵》

[2] 萧涤非、程千帆、马茂元、周汝昌、周振甫、霍松林等撰：《唐诗鉴赏辞典》，上海辞书出版社，1983年，第594页，杜甫诗《登岳阳楼》

[3] 王鼎钧著：《古文观止演义》，花山文艺出版社，2013年，第82—89页，范仲淹《岳阳楼记》

构楼阁，以容纳一尊巨大的观音立像。这些楼阁外观秀丽，为了表现向上逐层内收的形象，各层立柱并不一定对齐，因此发展出"叉柱造"和"永定柱造"两种系统。前者上下层外柱不对齐，上层的外柱略向内移，以斗拱传递横向力，实例以独乐寺观音阁为代表；后者二楼外柱直接落地，并附在一楼外柱内侧，以隆兴寺慈氏阁为代表。

独乐寺观音阁建于辽统和二年（984年），面阔五间，进深四间八椽，通宽20.23米，通深14.26米。外观看上去是一座两层带平坐、腰檐的单檐九脊殿屋顶的楼阁。由于平坐和腰檐之间是一个暗层（夹层），建筑内部实际三层，总高22米。平面为内外两圈柱子组构的"金厢斗底槽"式样，并在二层形成六边形的井口，完美地容纳了高16米的辽塑十一面观音像。观音阁二楼的歇山顶出檐极深远，楼阁整体比例匀称，造型颇似敦煌壁画中所绘之唐代楼阁形象。

普宁寺大乘阁内矗立一尊高大的千手千眼木雕观音立像，通高22.28米，是我国现存最高的木雕造像。大乘阁采用了中空的五层木构架结构。阁的底层平面面阔七间，进深五间，前檐凸出宽五间、深一间的单层抱厦。平面柱网分布为一圈内柱和一圈檐柱。16根内柱围成宽五间、深三间的空井，直通四层天花板下，柱高达24.47米，以容纳超高的千手千眼观音像。全阁总高39.16米，在中国现存古代木构建筑中，其高度仅次于山西应县木塔，居第二位。

北京西山诸寺并无这种观音巨像，唯北京城内雍和宫万福阁内有一尊巨大的檀香木弥勒立像，高达16米，佛像头顶几乎触及天花藻井，令人叹为观止。而多层佛阁建筑以颐和园佛香阁最为著名。佛香阁是清乾隆时期清漪园大报恩延寿寺的主体建筑，原建筑在清咸丰十年（1860年）被英法联军烧毁，现存者为清光绪年间所重建，但保持了清乾隆时期的原样。

独乐寺观音阁十一面观音像，参拜者在极逼近的距离仰望观音像，感受特别强烈

颐和园万寿山前山主体建筑佛香阁（叶盛东摄）

建筑与造像

楼阁位于一个四面围廊的方形院子正
中，平面八角形，外观四层，内部分
为三层，并未上下贯通。第一层供奉
了一尊明代万历年间铸造的千手千眼
观音像，第三层供的是旃檀佛。屋顶
采用攒尖式样。佛香阁从台基到最上
面的攒尖宝顶通高36.44米，其高度在
古代木构建筑中排名第三。

（四）民间观音造像

观音的化身形象特别多，居各类
神佛之冠，有"三十二应身""三十三
观音"之说，大都是密宗所传，亦有
许多是历代艺术家的创造。

三十三观音的形象，都是个体图
像，也有几种适于立体雕造的，常做
成瓷、木、牙、石等雕像。这是汉化
佛教艺术家唐宋以来对观音形象描绘
的发展中加以创造而定型化的结果。
这些形象常以图画、小型造像等形式
在民间广泛流传，甚至成为供欣赏的
艺术品而不作为膜拜的对象。这些走

出寺院的观音像，渗入百姓的日常生活中，因而变得更富生命力，其中有代表性的，如杨枝观音、水月观音等。

杨枝观音，常为手持净瓶、杨枝的立像，常戴女式包头披肩长巾，是最常见的图塑观音形象。在非正式殿堂与民间，杨枝观音几乎取代了圣观音而成为观音标准像。

水月观音，作观水中月影状。水中月，喻诸法无实体。此像具哲理性，备受知识界推崇。名家名笔迭出。

五百罗汉造像

寺院建筑组群中的"田"字形罗汉堂值得我们特别关注。关于罗汉，最初有"四大罗汉"，后变为"十六罗汉""十八罗汉"，最后演变成"五百罗汉"。

中国佛教中佛和菩萨的形象到唐代已基本定型，逐渐类型化。他们的衣饰也很特殊，与平常的世俗人等区别很大。而罗汉穿的是汉化了的僧衣，和一般的和尚没有什么区别，有关他们的生平资料也不多。这些，都给艺术家以驰骋想象的极大创造余地，使他们可以在现实的老幼胖瘦高矮俊丑等大量活生生的和尚的基础上发挥想象，创造出多种生动的罗汉形象来。可以说，罗汉一到中国，就异常生动活泼地显现在佛教徒、艺术家的心目中，丰富了中国绘画、雕塑的题材和内容。

从五代开始，供奉五百罗汉之风盛行，这就冒出了如何供奉的问题。原本十六罗汉、十八罗汉的供奉，很容易解决，惯例都是把塑像供在大雄

山东济南灵岩寺千佛殿彩色泥塑罗汉像，或勇猛或愤怒，或据理力争或凝神苦思，亦有潦倒的样貌，值得仔细端详

宝殿，沿两侧山墙排列，正好充当释迦佛或三世佛主尊的环卫，这与大雄宝殿的空间组织也是很合拍的。而对于五百罗汉来说，如何通过殿堂供奉却是个大难题。历史上的寺院基本上采取了两种供奉方式：一是供奉于通用型空间，二是供奉于专用型空间。

北宋东京汴梁的相国寺属于第一种。文献中有这样的记载："寺三门阁上并资圣门，各有金、铜铸罗汉五百尊。"[1]可知，汴梁相国寺的五百罗汉是铜铸的，估计体量不大，供置在"三门"楼上的资圣阁内。此阁是唐天宝四年（745年）建的，是将迎来的五百罗汉塑像供置于早已建成的门上之阁。这种供置方式完全是利用已有的楼阁空间。

---

　　[1]　[宋]孟元老著：《东京梦华录（精装插图本）》，中国画报出版社，2013年，第45页。

鸟瞰碧云寺罗汉堂，"田"字形平面，中间辟4个小天井，中心耸立歇山十字脊高阁（武立佳摄）

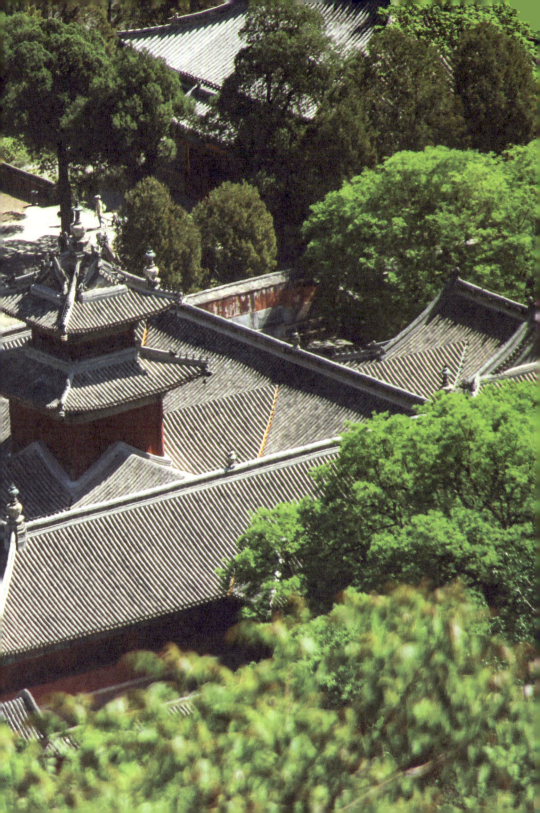

　　这种通用空间的供置，直到后期也屡见不鲜。著名的昆明筇竹寺也是如此。这个寺院在清光绪九年至十六年（1883—1890年），请四川名匠黎广修师徒塑造五百罗汉像，每尊坐像高1米多。这么多大个头的罗汉像，大雄宝殿两侧根本排不下，不得不将一部分另供于梵音阁和天台来阁。这批被誉为技艺精绝的罗汉塑像，竟被如此无奈地分置于3处不同的空间，实在是件非常遗憾的事。

　　为五百罗汉像创造专用的殿堂显然是十分必要的，但这个项目大有难度：一是需要庞大的展示面积，每尊罗汉比真人还大，要容纳这么一大片的罗汉群体，需要很大的殿内空间；二是五百罗汉无主次之分，如此大数量的无主体陈列，欠缺重点和变化，极易导致观瞻的视觉疲劳；三是五百罗汉群像不同于定型化的佛像、菩萨像，他们穿的是汉化僧衣，神态各异，喜怒哀乐，栩栩如生，观赏者、参拜者都需要近距离地细看，要求满足方便的观赏和良好的采光；四是必须适合于木构架的构筑，应避免过于庞大的空间，避免过大的殿屋跨度，避免建造技术的过分困难和财力物力的过度负担；五是罗汉堂自身不宜形成过大的体量，在寺院总体建筑组群中应避免喧宾夺主、干扰大雄宝殿的主体地位。

　　专用型的"田"字殿可以说是十分智巧地满足了以上要求，各地名寺大刹在为五百罗汉建造专用殿堂时，几乎都选用了这种形式。可惜的是，建于杭州净慈寺、灵隐寺等的"田"字形罗汉堂都已被毁，现在尚存"田"字形罗汉堂的寺庙主要有北京西山碧云寺、武汉归元寺、成都宝光寺和苏州西园寺等几处。

　　碧云寺罗汉堂是清乾隆十三年（1748年）仿杭州净慈寺罗汉堂建造的。它位于寺院东西向主轴线的南侧，独处于南跨院的前院中。平面呈"田"字形，中间辟4个小天井。"田"字殿内部，沿外檐墙、天井檐墙和

碧云寺罗汉堂前方设歇山顶抱厦前殿，殿内供奉四大天王

中柱柱列，设通长的周圈台座，台座上供奉依墙的单列罗汉，以及沿中柱列相背而坐的双列罗汉。"田"字殿前方建一个三开间的小殿，小殿内矗立四大天王像，构成东向的正面主入口。其他三面正中各出一间小抱厦，作为南、西、北的次入口。

"田"字殿的这个布局，是极为精彩的设计。

一是展示效果极佳。争取了最大限度的、极为紧凑的展位，轻而易举地容纳下500尊罗汉的供位，并且形成周圈环绕、环环相套的展出队列和周而复始、迂回无尽的观瞻路线。

二是构筑做法简易。这样一个超多展位的殿堂，没用超大尺度、超大跨度的空间。4个天井的设置，把一个九间见方的庞然大物，一下子就转变为深两间的转角房和深一间的十字廊的空间组合，大大缩小了室内的空间体量，避免了大空间的复杂结构。中柱柱列的运用，不仅吻合双列背靠背展位的空间布局，也把叠梁构架转变为插柱构架，更进一步缩小了跨度。

沿四周外檐开辟一圈横披式高侧窗，既照顾到罗汉像的陈列，又争取到充足的采光，4个小天井也为采光通风提供有利条件，整个室内空间获得了良好的观瞻条件。

三是外观体形适宜。"田"字殿的小跨空间组合，屋顶举架自然很低，虽然四向立面都长达九开间，而建筑立面却不高，整体体量并不很大。再加上正面入口小殿和三面抱厦的凸出，"田"字形平面中心又耸立起歇山十字脊高阁，还有阁顶正中和四个转角点缀着塔形刹尖，整个罗汉堂的外观显得颇为丰富而不咄咄逼人。它独处于主轴之外的罗汉院内，与整个寺院组群结合得有机融洽。

中国古代欠缺公共活动空间，古刹寺院可以说是难得的、可供广大民众和文士游人观光游赏的场所。在这个意义上，寺院不仅是一个宗教场所，也是带有戏台的娱乐场所，兼有园林的休闲场所，举办庙会的购物场所，更是充满雕塑绘画的展览场所。在这个形同艺术馆的展览场所中，"田"字形的五百罗汉堂应该说有其特殊的意义。因为五百罗汉不同于佛陀和菩萨，既是神，也像是人，他们原本也没有确定的名号，是南宋工部郎高道素挖空心思地编造，才被称为"江阴军乾明院罗汉尊还刻石"，这种名单并非一成不变。民间传说的颠僧济公和尚，后来也进了五百罗汉之列。碧云寺五百罗汉中还有一尊顶盔挂甲、罩袍蹬靴、双目炯炯、气宇轩昂的武罗汉，是因乾隆皇帝自封罗汉而为他塑造的。创作筇竹寺五百罗汉的黎广修，也曾把寺的方丈连同他本人和几位高徒的相貌都塑进罗汉群中。可见五百罗汉的塑造是颇有自由度的，雕刻家可以根据自己的喜好，从现实生活中取材创作，许多罗汉像都是似僧非僧，有文有武，殊容异态，喜怒哀乐，如同汇集了人世间的众生相。因此，这一尊尊极富个性的罗汉群像，有它独特的观赏价值，是值得逐个儿细细品味的。

碧云寺罗汉堂内顶盔掼甲的武罗汉

但是，500尊的数量实在太大了，众罗汉没有高低之分，它们的塑像自然都是同样大小的尺度。这五百塑像进入罗汉堂，比肩而坐，主次不分，按说难免是单调乏味的。难能可贵的是，"田"字殿的设计，恰恰是将计就计，利用这种大数量的无主体群像大做文章，化不利为有利，取得了特殊的观瞻效果。梁思成先生很敏锐地注意到这一点，他在《中国的佛教建筑》一文中说到碧云寺时，就特别提到"田"字形五百罗汉堂，他指出："这里边有五百座富有幽默感的罗汉像，把人带进了佛门那种自由自在的境界。罗汉堂的'田'字形平面部署尽管是一个很规则的平面，可是给人带来了一种迂回曲折，难以捉摸，无意中会遗漏了一部分，或是不自觉地又会重游一趟的那一种错觉。"[1]的确，"田"字形罗汉堂是一个奇妙的流动空间，而这种大容量的、独特的空间效果，却是以标准程式的简易构件组构而成的，正如王安石在诗中所说，"看似寻常最奇崛，成如容易却艰辛"。"田"字形的罗汉堂在中国木构架建筑的设计中，可以说是极富创意的、令人叹为观止的杰作。

藏经之阁

佛寺藏佛经之处，尤其是藏《大藏经》之处，称为"藏经阁"。藏经阁一般设置在寺院中轴线上最后一进院落，通常为两层正殿。这是佛寺内部的专业"图书馆"。

卧佛寺中轴线上最后一进为两层的藏经阁，面阔五间，硬山式屋顶

（一）壁藏与天宫藏

此种为两层殿阁，下层常为"千佛阁"，中间设毗卢遮那佛像为主尊，沿墙壁立小龛设千佛乃至万佛像，象征众佛结集会诵读经。也有居中设三世佛像的。同时上层沿墙壁立橱柜安置佛经。中间设条桌供读经用。这种安排建置称为"壁藏"。在此基础上，也有沿墙壁建成小型木结构楼阁式橱柜以存藏经的，即所谓"天宫楼阁"，称为"天宫藏"。山西大同华严寺薄伽教藏殿是天宫藏的代表作，精美绝伦，是为国宝。

（二）转轮藏

　　另有一种"转轮藏"，简称"轮藏"。这需要特建一座殿阁，常为两三层高，内部上下贯通，也是佛寺中的一种专用性建筑。在地面以下设一个大转轴，下方立在凹槽中的铁件托座上，轴上安一个八面（或六面）大龛，这个龛就是"转轮藏"，其实就是一个八角形藏经橱，造型宛如八角形的重檐亭子，每面安装抽屉储存。将可转动的藏经转轮容纳于楼阁之中，是佛教建筑中相当巧妙的设计，可说是"屋中有屋"，犹如母子同体。这个龛能推着转。据说，南北朝时有个佛教信士傅翕（497—569年），看到不识字的人不能读经，就创造了这种机制，叫他们推着转。转

山西大同华严寺薄伽教藏殿沿墙壁建成木结构楼阁式壁橱，是"天宫藏"的代表作

河北正定隆兴寺转轮藏殿，将可转动的收藏佛经的八角亭容纳于楼阁之内，象征法轮常转，可谓屋中有屋

一圈就等于读了一遍经。安装转轮藏的阁，称为"转轮藏殿"。因其费工，唯大寺方有之。河北正定隆兴寺、北京颐和园万寿山等处的转轮藏殿可为代表。可是这个龛乃一庞然大物，转起来相当费力。据说，宋朝有的寺院就造小型转轮藏，只放少数经卷，推起来飞快，既好玩又不费力，于是信众趋之若鹜。推一圈交36个铜钱。还有一种转轮藏，本身动不了，信众可以绕着它转，北京智化寺所建的就是这种。

（三）无梁殿

藏经阁是存放佛经的建筑，最怕火灾，而木构架建筑防火性能较差。到了明代随着砖的发展，出现了全部用砖券拱砌成的防火建筑——无梁殿。无梁殿，取其谐音有时又被书写成"无量殿"，取佛法无量之含意。所以，很多寺院的藏经阁就采用了无梁殿的建造形式。

众所周知，西方建筑擅用券拱结构，而中国虽然早在秦汉时期的地下墓穴中即使用砖券拱结构，但墓穴属于阴宅，只要是建在地面上供人使用的建筑，皆较少使用阴暗冷峻的砖石券拱。明代宋应星著《天工开物》，对砖与石灰的制作记载甚详，或可推证当时技术和材料又有较大进展。明代出现了较多的"无梁殿"建筑，主要得自技术的提升和砖产量的增加。无梁殿不但结构特殊，外墙的砌砖法亦有独到之处。利用砖的耐压特性，层层叠涩[1]出挑，模仿木构斗拱、飞椽及出檐，墙身浮现梁枋、立柱与须弥座，表里皆砖，结构与装饰融为一体，浑厚的造型工整有度，却也散发着精雅的韵味。

中国现存的无梁殿有多座，南京灵谷寺无梁殿、五台山显通寺无梁殿等都属杰作。北京皇史宬、天坛斋宫正殿为北京无梁殿的代表作。颐和园万寿山上的智慧海，为北京西山佛寺无梁殿的代表作。智慧海位于佛香阁后面的高台上，两者之间是一座大型琉璃牌楼，三间七楼，砖石砌筑，每间以白石砌一个券拱门洞。牌楼下部墙身为红色，上部饰以彩色琉璃，对比强烈，名曰"众香界"。"众香界"牌楼后即为智慧海，这是一座大型"无梁殿"结构佛殿，殿内供奉"三大士"像，中间是观音菩萨，文殊、

---

[1] 叠涩是一种古代砖石建筑的砌筑方法，砌筑时层叠的砖石层层向外挑出或向内收进。

颐和园智慧海为北京西山无梁殿的代表作

普贤两位菩萨分居左右。大殿面阔五间，进深三间，上下层全部开设圆拱门窗，檐口部位以琉璃斗拱、飞椽装饰，外墙亦全部以黄、绿、紫、蓝各色琉璃装饰，极为炫目。其中包含着1008个小佛龛，每龛内有一座小佛像。屋顶采用两层的单檐歇山顶，屋脊也用琉璃制成各种卷草团，非常华丽。智慧海可谓浓墨重彩，为万寿山前山建筑群画上了灿烂的最后一笔。

（四）云居寺石经

说到藏经，极有必要再提一下云居寺石经。云居寺位于北京房山区白带山麓，自古为西山名刹，始建于隋唐，辽、金、元、明、清各代都有修

葺，20世纪40年代毁于日军炮火，现在的寺院是在遗址上新建的。寺内有新建的经版库和唐、辽塔群，白带山上有石经山藏经洞，是一个大学术宝库。云居寺石刻《大藏经》（因其位于房山，简称房山石经）始刻于隋朝大业年间，终于明末，绵延达千年之久，刻经1122部，3572卷，是中国现存规模最大的石刻佛经，也是世界上最古、最大的一座石刻图书馆。

中国佛教协会于1956—1958年对房山石经进行全面调查、发掘、拓印。后来经过20年整理、编目、研究，发现房山石经的辽、金刻经是以失传已久的《契丹藏》为底本的复刻本。1987年起，中国佛教图书文物馆影印出版《房山石经》，编成56册。

佛光塔影

塔，原是古印度的一种坟，佛教徒沿袭为藏舍利、骨灰之用，是佛徒膜拜的对象，梵文为"Stupa"。其传入中国后出现各种译名，如窣堵坡、塔婆、浮屠或浮图，最后多以"塔"称之。印度佛塔原型为外观低而宽的圆覆钵式，类似一个半球形，缺少变化。到了中国，塔化腐朽为神奇，变化多端，大放异彩，成为我国传统建筑中极具特色的建筑类型。首先是用途增多，有作藏经用的，有供瞭望用的，等等。更重要的是在长期的实践中塔发展了自己的形式，形制种类繁多，在平面形状上，方形、六角、八角、十二角、圆形等都有；在建筑材料上，木构、砖砌、石造、金属的各异；在类型上，可分为楼阁式塔、密檐塔、单层塔、喇嘛塔和金刚宝座塔。

佛塔，主要可分为地宫、塔基、塔身、塔刹几部分。

地宫是中国佛塔特有的结构，它的性质与中国古代帝王陵寝的地宫相似，但规模不大。地宫是用砖石砌成的不同形状的地穴，大都建在地面以下。地宫主要用来埋葬佛舍利，还经常埋有佛经、珍宝及其他器物。

塔基是整个塔的基础，在地宫之上。唐代以后，塔基明显地分成台基与基座两部分，台基上承托塔身的座子为基座。宋元以后，各种塔的基座越来越往高大华丽发展。

塔身是塔的主体，内部分实心和中空两种。塔身中空的，一般能登临远眺。塔的层数也有讲究，但各种佛经所说并不统一。一般而言，层数最多的是十三层，象征释迦牟尼涅槃后藏舍利的七宝塔。以下还有七层、六层、五层、三层、两层、一层等不同形制。

每座塔上都装有一个顶子，有尖的，有圆的；有砖石砌的，有金属制作的。形式多样，这就是塔刹。塔刹处于全塔最高的部分，冠表全塔，因而用了"刹"字。塔刹是用来收束塔顶的，但人们对它做了精细的艺术加工，并赋予许多象征意义，使之玲珑挺拔，高插云天。塔刹虽不大，但自身仍分为顶、身、座三部分。刹顶通常置宝珠、水烟、仰月或宝盖；刹身较长，呈节状，称为相轮或十三天，有时某些巨大的刹身须以铁链与塔檐拉接以保持稳固；刹座具有压重的功能，骑在攒尖屋顶垂脊相交之处，形如覆钵，通常饰以仰莲。

（一）楼阁式塔

楼阁式塔是仿我国汉代的多层木构架建筑的，是我国佛塔中的主流，它出现较早，历代沿用数量最多。汉末在徐州建造的浮屠寺，文献中有"上

山西应县佛宫寺释迦塔，建于辽清宁二年（1056年），是现存世界上最古老最高大的全木结构建筑。此塔构造极为复杂，外观五层六檐，内部实为九层，每两层之间设一暗层并施以斜撑木柱，以强化结构

累金盘，下为重楼"的记载，这是目前所知有关我国木塔的最早描述。山西大同云冈石窟的石刻塔柱，则将北魏时的楼阁式塔展现在我们眼前，它使用了木建筑的柱、枋、斗拱，并且逐层向内收进。从结构和外观上看，都已经中国化了。南北朝至唐、宋，是我国楼阁式塔的盛期，分布几乎遍及全国，尤以黄河流域和南方为多。现存实例，也以宋代最多，元代以后渐少。塔的平面，唐以前都是方形，五代起八角形渐多。早期楼阁式木塔和仿木的砖石塔只用一层塔壁结构，刚度较差，后来改用双层塔壁，并增加一些加固措施，使塔身刚度大为加强。这种双层塔壁结构的现存实例，木塔以辽代山西应县佛宫寺释迦塔最早，砖塔以五代江苏苏州虎丘云岩寺塔最先。

早期的佛塔都是用木材建造的，但是由于木材本身容易被焚毁，特别是塔的高度，再加上上面的金属塔刹，容易导致落雷，或是香火失慎，或是战争破坏，所以木塔的寿命一般都是很短的。因而佛塔材料的使用由早期的全部用木材，逐渐过渡到砖木混合，以至全部用砖石，完全用木的楼阁式塔在宋代以后已经绝迹。

北京西山现存楼阁式塔以良乡昊天塔、玉泉山玉峰塔为代表。

昊天塔又称多宝佛塔，位于北京市房山区良乡镇东关村，建于辽咸雍四年（1068年），是北京仅存的一座辽代仿木结构的楼阁式砖塔，清光绪二十七年（1901年）其部分佛龛被八国联军捣毁。塔坐北朝南，为八角五层楼阁式空心砖塔，外观收分明显。塔基为双层须弥座，其上雕饰丰富。下层须弥座束腰部分，每面用花卉和卷草浮雕分成4个长方形壸门，门内雕狮首；上层须弥座束腰每面壸门内刻有造型各异的佛像，壸门之间和转角处均雕金刚力士像。塔身各层均有平坐、塔身和塔檐（现塔檐已不存，原塔檐可能为木制）组成，各层塔身均是东、南、西、北4个正面开券拱门，其他4个侧面雕刻直棂窗，各层檐下、平坐均设有砖砌斗拱。顶部塔刹由须

良乡昊天塔又称多宝佛塔，始建于辽代，平面为八角形，是北京现存唯一的辽代仿木结构楼阁式砖塔

建筑与造像

弥座、仰莲、覆钵、相轮、宝珠组成。塔内设中心柱，沿中心柱有回廊，各层之间有砖砌楼梯，可登临。塔身有瞭望孔数十个，据说为宋辽交战时瞭望敌情所用。

　　玉泉山玉峰塔（建于18世纪）为明清时期楼阁式塔的典型。由于明清时期木构架建筑的斗拱比例和屋檐的挑出深度都相对缩小，这种倾向也在佛塔上反映出来。因此，在这个时期从比例上说，塔身的每一层和斗拱塔檐对比就显得高些，反过来斗拱塔檐就好像塔身上一圈圈纤细的环带，塔的轮廓线与宋以前的塔，有很大的区别。

玉泉山玉峰塔，塔檐出挑和斗拱比例相对缩小，与明清时期木构架建筑的特征一致

（二）密檐塔

密檐塔的底层较高，上施密檐五至十五层（用单数），一般七至十三层较多，大多不能登临眺览，意义与楼阁式塔不同。它是模仿印度佛教的一些塔型，并与中国传统建筑结合的产物。建筑材料一般使用砖、石。这类塔在我国现存最早的实例是北魏时期的河南登封嵩岳寺塔。辽、金是密檐塔的盛期，其分布地域以黄河以北至东北一带为主，北京地区的佛塔也以密檐塔为多。塔的平面除嵩岳寺塔为十二边形外，隋、唐多为正方形，辽、金多为八角形。辽、金的密檐塔在塔基和底层的装饰十分华丽，除了隐出倚柱、阑额、斗拱、勾阑、门、窗外，还饰以天王、力士、经幢和各种装饰纹样。上面一层层的密檐，也全部用砖砌的斗拱承托，创造了一种崭新的塔型。

辽天庆九年（1119年）建造的北京天宁寺塔是辽代密檐塔最杰出的典范。该塔平面为八角形，外观分为基座、塔身和十三层密檐及塔刹三大部分，塔高57.8米。由于地处辽南京城内最重要的皇家寺院中，故天宁寺塔为北京诸辽塔中艺术造诣最卓绝者。须弥座雕饰造型饱满，纹样丰富，比例精到，是北京历代佛塔须弥座中的极品。塔身浮雕造型刚柔相济，气韵生动，为北京辽代雕刻艺术之最杰出代表。十三层密檐富有节奏和韵律感，层层收分的造型甚至引得梁思成将其谱写成一段乐谱，以表明建筑与音乐之间的微妙关系。细细品味天宁寺塔的造型，确实犹如聆听美妙的乐曲。

北京八里庄慈寿寺塔建于明万历四年（1576年），俗称玲珑塔，为明代八角密檐塔的重要实例。此塔在形式上完全模仿天宁寺塔，但是从建筑处理的细节上看却完全用的是明朝制度。

天宁寺塔须弥座基座造型繁复，束腰有壶门花饰，转角有浮雕像，上层的平坐、栏杆、斗拱俱全，阑上承三层仰莲花瓣。塔身各面均有菩萨、金刚、力士浮雕，刚柔相济，线条流畅，人站在塔下仰望极具震撼力

古刹寻幽

天宁寺塔是辽代密檐塔之最杰出的作品，号称"天宁式"，自成一派。塔身比例优美，雄健之中蕴含细腻，十三层密檐极富韵律感，可谓凝固的音乐

慈寿寺塔在形式上完全模仿天宁寺塔

　　八大处灵光寺塔又名佛牙舍利塔，是1960年为供奉著名的佛牙舍利而新建的一座密檐式塔。此塔前身为辽代建造的一座砖塔，但在1900年为八国联军所毁坏，仅存残破的塔基供人凭吊。现在的新塔为八角十三层51米高，其位置距离残留的塔基约百米，在形式上参照了原塔的形象，但采用了现代的钢筋混凝土结构。塔顶的塔刹是按照1957年赵朴初先生从锡兰（今斯里兰卡）得到的一座小铜塔的形式塑造的。

（三）单层塔

　　单层塔大多用作墓塔，或在其中供奉佛像。前者已知最早遗例建于北齐，

后者则为隋代的山东济南历城区神通寺四门塔。到了唐代，其外形已大力模仿木构，隐出柱、枋、斗拱等各种构件。塔的平面有方、圆、六角、八角多种。

塔院是僧人公墓，其中的塔都是墓塔，以单层塔居多。进入塔院的都是高级僧尼，在当时产生过一定影响。因为塔院的塔多，故又称为塔林。附有塔林的寺院必为著名大寺，如北京西山潭柘寺、山东长清灵岩寺、河南嵩山少林寺等处均有之。小型的只有几个塔的塔院就比较多了，那就称不上塔林了。

潭柘寺有上、下塔院。下塔院位于山门外250米处，院内有金、元、明时期寺内有名分的和尚的墓塔48座。年代最远的有金天眷年间的海云禅师塔、金大定年间的通理禅师塔，均已800多年了。最著名的妙严大师塔是元世祖忽必烈之女妙严公主的墓塔，塔平面为六角形，上施五层重檐。此塔为

山东济南长清灵岩寺塔林

183

山东济南神通寺四门塔，为中国现存最早的石塔，建于隋大业七年（611年），平面为方形，塔身四面各开一圆拱门，塔檐叠涩挑出五层，然后向上收成四角攒尖顶，塔刹为山花蕉叶托相轮

神通寺四门塔塔室中有方形塔心柱，柱四面皆设一尊面向塔门的佛像，即东南西北四方佛

建筑与造像

寺中唯一元代建筑物。据说妙严公主在潭柘寺削发出家，忏悔其父杀人众多，每日礼敬观音大士，从不中断。年深日久，膝下的砖都磨坏了，出现两个明显的膝痕，寺僧称之为"拜砖"。上塔院有藏式清代和尚墓塔23座。

（四）喇嘛塔

喇嘛塔，又称瓶形塔，是主要分布在西藏、内蒙古一带的藏传佛教的佛塔，基本保留了印度古代窣堵坡的韵味，多作为寺的主塔或高僧墓塔，也有以塔门（或称过街塔）形式出现的。中原喇嘛塔始见于元代，1271年忽必烈在大都城内一座辽塔的旧址上建造了一座高大的喇嘛塔，即北京妙应寺白塔。明代起喇嘛塔的塔身变得高瘦，清代又在塔身添"焰光门"。北京妙应寺白塔和北海白塔分别为元代和清代喇嘛塔的典范之作。

大觉寺白塔是北京西山喇嘛塔的代表。此塔位于大觉寺后部的园林区，龙王堂前，高约12米，坐西朝东。关于此塔的建造年代，有金、明、清建造之说，各有说辞，莫衷一是。因喇嘛塔形制出现于中原是在元代，所以金代建造的可能性不大。白塔左右两侧一松一柏，"松柏抱塔"为大觉寺一景。可惜原来的松树已死，但柏树雄风依旧，蔽日参天，据植物学家测定，柏树树龄有500年左右。如果据树龄推断，大觉寺白塔极有可能始建于明代，在清乾隆时期重修。白塔下部为极高的八角形须弥座，束腰中各雕一组菱形的砖雕图案，其中正四面均雕祥龙图案，四侧面则雕花卉图案，构图颇似影壁砖雕，在北京诸塔须弥座中别具一格。八角形须弥座之上，又有一座圆形须弥座，束腰雕刻精美莲花图案。再上为白色的覆钵形塔身（俗称塔肚子），正面雕"焰光门"（又称"眼光门"），门下部雕

北京妙应寺白塔外观洁白，无雕饰，比例雄浑，是后来各地喇嘛塔模仿的对象

小型须弥座图案，门中央为一对门扇，周围雕火焰式图案。塔身之上为相轮（十三天，俗称塔脖子）、华盖和宝珠。

过街塔为喇嘛教的典型建筑，梁思成在《平郊建筑杂录》一文中提到了法海寺的寺门："法海寺在香山之南，香山通八大处马路的西边不远。一个很小的山寺，谁也不会上那里去游览的。寺的本身在山坡上，寺门却在寺前一里多远山坡底下。"[1]梁思成所说的法海寺为今天的北法海寺，寺门是一座过街塔的塔门的形式：下边为带有券拱门洞的城楼形制，上边顶着一座喇嘛塔——类似一个缩小的北海白塔。今天我们在承德普陀宗乘之庙可以见到这种过街塔的塔门。

---

[1] 梁思成著，林洙编：《梁》，中国青年出版社，2013年，第238页

大觉寺白塔

承德普陀宗乘之庙的5座喇嘛塔立在门洞白台之上，塔分五色，塔身尺寸相仿，但造型各异，白台墙面饰以盲窗

（五）金刚宝座塔

金刚宝座塔的最早形象可见敦煌莫高窟（第428窟）的北周壁画，现存实物开始出现于15世纪后半叶，仅见于明、清两朝，为数很少，主要在华北地区流行，北京正觉寺金刚宝座塔是现存最早的完整实物，弥足珍贵。金刚宝座，上立五塔，象征佛教宇宙图示中天界的5座须弥山，也象征金刚界五方佛。金刚宝座塔就是在高台上建5座塔，中央一座较高大，四隅各一座，较低小。高台上塔的式样，或为密檐塔，或为喇嘛塔。北京地区现有4座金刚宝座塔，除了北京正觉寺金刚宝座塔（1473年）之外，还有北京香山碧云寺金刚宝座塔（1748年）、玉泉山静明园妙高塔（1771年）、西黄寺清净化成塔（1782年）。

1. 正觉寺（五塔寺）金刚宝座塔

正觉寺位于北京市海淀区西直门外白石桥以东的长河北岸，严格来讲，并不属于西山寺院。但它地处明清时期京城到西山的必经之地，是连接城与山的重要节点，皇室成员游幸西山苑囿必到此寺休憩或参拜。更由于寺内的金刚宝座塔为中国现存金刚宝座塔中的最早实物，所以不得不说。

明永乐年间，一位印度高僧班迪达从西域来到北京，向明成祖朱棣奉献了五尊金佛和金刚宝座塔的式样。明成祖和他一起谈经论法，并亲自选址建寺。明成化年间，开始修建金刚宝座塔。这座金刚宝座塔虽源于印度样式，但是做了许多中国化的处理，与其原型印度的佛陀伽耶大塔相比，正觉寺塔明显加高了金刚座，而中央大塔与四隅小塔的高度相差也不多，

碧云寺金刚宝座塔台座上耸立着5座密檐石塔，雕琢精美，庄严肃穆（武立佳摄）

古刹寻幽

不像印度原型那样中央大塔独耸云霄，而四隅小塔低矮。金刚座上的五塔形式也不直接模仿印度佛塔造型，而是采用方形密檐塔造型。值得注意的是，唐以后，佛塔多采用八角形平面，而正觉寺座上的五塔采用方形平面，颇有唐风的简洁气象。金刚座上作为楼梯间出入口的琉璃瓦重檐攒尖顶的方亭，则完全为汉式，重檐上圆下方，有天圆地方之意，进一步增加了全塔的"中国元素"。

该塔的金刚宝座及五塔四面均雕刻有精美的装饰纹样，"陆离辉映，具足庄严"。金刚宝座下部的须弥座束腰雕有狮子、象、马、孔雀及大鹏金翅鸟，是为五方佛坐骑，还有四大天王、降龙伏虎二罗汉，更有法轮、法螺、宝伞、宝盖、宝罐、金鱼、盘长等佛八宝雕刻图案。须弥座以上，

北京正觉寺金刚宝座塔，塔前有两株古银杏树，参天蔽日，见证了该寺的历史变迁。今天金刚宝座塔周围摆满了碑刻石雕，影响了寺院古雅清幽的环境

正觉寺金刚宝座塔台座及五塔四面均雕饰佛像

金刚宝座分作五层，每层有石雕檐口，并以石雕出立柱、斗拱，每两柱之间设一佛龛，龛内安置佛像，共计佛像383尊，这些佛像根据"手印"不同，象征五方佛造像。

金刚宝座内部为中心塔式结构，方形塔心柱四面各有一尊佛像，南面为释迦牟尼佛，东面为药师佛，北面为燃灯佛，西面为阿弥陀佛。围绕塔心柱一周设券拱顶回廊，入口门廊上部为一个小型穹隆顶，强化了入口空间。宝座的东南隅和西南隅分设楼梯间，可通顶部平台。

金刚宝座上部的五塔，由四隅小塔簇拥着中央大塔，密檐层叠，交相辉映，宛如天界。各层密檐之间的塔身，均由基座、塔身和仰莲组成，塔身由壁柱分作若干间，每间内刻有佛像。各塔雕刻重点皆在须弥座。须弥座各面构图类似，均以金刚杵将束腰分作中间宽、两侧窄的三开间，在

191

古刹寻幽

各开间内安排不同画面。其中，中央大塔南面须弥座束腰中间雕刻佛足一对，象征"佛迹遍天下"，是北京独一无二至高无上的佛教装饰。

正觉寺金刚宝座塔整体造型庄严秀丽，全塔通体雕刻精美，纹样丰富，雕刻技法综合运用宋代《营造法式》中的"剔地起突"深浮雕和"压地隐起花"或"减地平钑"浅浮雕，形成了极其丰富的雕刻层次，是明代石造建筑和石雕艺术的代表之作。

2. 碧云寺金刚宝座塔

碧云寺金刚宝座塔建于清乾隆年间。1925年孙中山先生逝世后，其灵柩曾暂置于寺内，后来更设衣冠冢于塔内供人凭吊。

金刚宝座塔位于碧云寺最后一进院落。塔前设两道四柱三间牌楼，第一座牌楼通体由汉白玉石雕刻而成，雕琢极为细腻；其后左右并列八角碑亭，

正觉寺金刚宝座塔须弥座束腰的飞天浮雕形象

192

碧云寺金刚宝座塔合而分、分而又合的阶梯

二亭内分置乾隆时金刚宝座塔满、蒙文及汉、藏文碑。第二重牌坊造型高大厚重，隐约间引出金刚宝座塔。穿过坊门，即见巍峨的佛塔耸立眼前。

全塔高34米余，主要分为台基、宝座及塔身。台基有两层，第一层阶梯直上攀登，第二层先分两侧再合而直上到达宝座券拱前，进入宝座又分左右而上，通过几十级台阶即到宝座顶部。这种合而分、分而合的路径，蕴含佛法无常境界。

宝座以上全为汉白玉石砌成，阳光照耀之下，掩映在苍松翠柏中的白色塔体明亮而纯净，越发庄严。宝座本身为一巨大的须弥座，四面皆以佛教诸神浮雕为题，包括成列的菩萨、天王与龙首像等，其余则刻满西番莲纹饰，工艺精细，为清乾隆时期石刻上品。此塔宝座分前后两段，前段面积较小，左右各置一座喇嘛塔，中央设一个小方台，中央刻有乾隆御笔题

碧云寺金刚宝座塔前左右并列八角形碑亭，外观简洁，比例得当，内部实为石砌穹隆顶结构

额"现舍利光"匾，台上再立5座小塔，为一座小型的金刚宝座塔；后段大宝座上，耸立5座十三层密檐方塔，塔檐层层向上斜收，远望如方锥体，塔后方中央栽植一株苍劲古柏，历经200多年，与塔结为一体。行走于布满浮雕的宝座之上，穿行在众塔之间，仿佛置身于佛法道场之中。

（六）混合式塔

由以上两种或两种以上形式的塔混合而成的塔称为混合式塔。云居寺北塔就是一座混合式砖塔，该塔又称罗汉塔，创建于辽重熙年间，下部为

建筑与造像

碧云寺金刚宝座塔前端左右各置一座喇嘛塔（武立佳摄）

195

云居寺北塔，下部为楼阁式，上部为喇嘛塔式，此塔特殊之处还在于四隅各有
一座唐代小型密檐塔，与中央大塔构成中国现存最早的金刚宝座塔式的五塔布
局模式

楼阁式，上部为喇嘛塔式，高30.46米，是云居寺现存古塔中规模最大者。塔基为双层八角形须弥座，各面均由青砖包砌，雕饰细密。塔基上承平坐，但平坐周边无栏杆，上建八角形楼阁式砖塔两层，各面分设拱门或直棂窗，并雕出仿木构斗拱、屋檐等。塔内中空，中央为八角形塔心柱，绕柱有台阶可攀登。二层楼阁之上为喇嘛塔式，自下而上依次为八角形须弥座、圆形覆钵、小须弥座、相轮、塔刹。

这种类型的混合式塔还有北京昌平区银山塔林、北京门头沟区百瀑寺金代圆正法师灵古塔、天津蓟州区白塔、河北易县双塔庵西塔、河北邢台天宁寺塔等。梁思成曾推测："此型之原始。或因建塔未完，经费不足，故潦草作大刹顶以了事，遂形成此式，亦极可能，但其顶部是否后世加建，尚极可疑。"[1]

筑坛传戒

设立戒坛，传授戒法，称为传戒。对求戒者来说，则为受戒。传戒分为三级三次，称三坛。

初坛传十戒，于法堂或其他适当场所集体举行。

二坛传具足戒，于戒坛举行，最为隆重。

设有戒坛的多为大寺院。戒台寺的戒坛在北京西山诸寺中最为著名。戒坛常设于寺院左后侧（东北后区）或右后侧（西北后区），自成格局，

[1] 梁思成著：《梁思成全集（第四卷）》，中国建筑工业出版社，2001年，第142页

另为一院。院中正殿为戒坛殿，正殿前立一小山门殿，小山门殿内正面供释迦牟尼十大弟子之中持律第一的优波离，以其为律藏首诵者之故。因此，此门殿又名"优波离殿"。

戒坛殿一般为方形大殿，内设三层玉石砌成的戒坛。戒坛为正方形，每层四面均有石龛，龛中安置小型戒神像。龛外站立比石龛要大的大型戒神像。由于这些泥塑造像形体不大，高度不过在0.2米至1米，又不是固定的，很容易被人抱起来就走，所以在中华人民共和国成立以前常被盗卖。今北京戒台寺戒坛殿内新添泥人张后人所塑戒神塑像百余尊，略存其意而已。

戒台寺戒坛殿内设三层白石戒坛，坛上设莲花座，供释迦牟尼像，下设三师七证座椅，坛四面龛内供奉113尊戒神塑像，塑像出自泥人张后人之手

戒台寺戒坛殿，檐下题额"选佛场"为袁世凯任直隶总督兼北洋大臣时所书

三坛传菩萨戒，于大殿或大殿前丹墀集体举行。

北京西山戒台寺戒坛殿位于全寺北路轴线上，是明正统年间在辽代戒坛旧址上重建的，虽经后世多次修葺，仍基本保持明代风格。戒坛殿为二层方形攒尖盝顶建筑，下层方五间，上层方三间，殿内有高三层的汉白玉戒坛，为清代重建。殿内天花的"斗八藻井"十分精彩，分为上下两部分：下部是一方形井口，四周雕有许多小天阁，天阁上雕有众多的小佛龛；上部是一圆形穹隆顶，正中是一条倒挂的木雕团龙，周围有8条升龙呼应，形成"九龙互顶"的绝妙构图。戒坛殿的方形攒尖盝顶造型独特，为北京古建筑中之孤例，顶部设5座小型喇嘛塔（中间一座较大，四隅的较小，类似金刚宝座塔布局），取代通常攒尖顶的宝顶。

戒台寺戒坛殿屋顶为盝顶重檐的方形大殿，最上面的平顶中央置一喇嘛塔造型
的宝顶，四隅各设一小型喇嘛塔，为金刚宝座塔式布局

九

居住生活区

　　大的寺院一般单独设有一系列僧人的"居住生活区"。其前半部分，常安排僧房、香积厨（厨房）、斋堂（食堂）、职事堂（库房）、茶堂（接待处）等。其中接待处即茶堂常常设在某院落的东厢房中。有些对外营业的素菜馆，卖香烛及卖佛经、佛像的地方，也在东边。所以，进寺有事，往东边去找。

潭柘寺龙王殿前的石鱼

　　斋堂或库房前常悬"梆"，那是一种挺直的鱼形木鱼，与大殿中诵经时叩击的团圆鱼口鱼鳞形木鱼不同，斋饭时击之为号，这种长木鱼大都是头向山门方向悬挂。据《百丈清规》中所说："鱼昼夜常醒，刻木象形，击之，所以惊昏惰也。"敲击木鱼，其原因就在鱼类的眼睛都是终日睁着不闭的，所以取此意以示精进，不敢稍有懈怠而已。潭柘寺龙王殿的廊下悬挂的石鱼，有1米多长，敲击不同的部位能发出不同的声音。斋堂旁边还悬挂云朵状金属"云版"，为报时、报午斋等用。报午斋有时也用"云鼓"，即绘有云形图案之鼓。

　　生活区的后半部分一般为方丈等高级僧人居住区，亦常配以小花园，但恐"闲人免进"耳。

古刹寻幽

第五章　寺院与城市

营国传奇

《周礼·考工记》是中国古代城市建设的一部重要典籍，也是按周代礼制思想传下来的一种"制度"，它构成了我国古代城市布局的主要思想。《周礼·考工记》中有"匠人营国，方九里，旁三门，国中九经九纬，经涂九轨，左祖右社，前朝后市，市朝一夫"的记载，这里的"国"是指国都，即都城，"营国"也就是规划建设都城的意思。

在北京的城市发展史上，元大都的兴建在北京城市发展过程中是一个极其重要的转折点，它放弃了莲花池水系上金代以前历代相沿的旧址，而在其东北郊外选择新址，重建新城，形成了今天北京城的前身。

如果我们打开一张元大都的城市地图，细心的人会发现元大都南城墙在今西长安街的电报大楼对面，有一段向外（南）弯出的半圆形。这里既无山丘也无湖沼，大城半圆形城墙的出现不合规制。原来这里曾有一座规模很大的寺院——庆寿寺，寺院内有大小两座八角密檐式塔，大塔九级，小塔七级，秀丽挺拔，卓尔不群。庆寿寺始建于金世宗大定二十六年（1186年），这两座塔分别建于大蒙古国宪宗蒙哥汗七年（1257年）和八年（1258年），是庆寿寺两位高僧——海云法师及其弟子可庵禅师的墓塔。正是因为海云法师的引荐，另一位与元大都规划建设有极其密切关系的年轻僧人初次见到了忽必烈，两人相见如故，相谈甚欢。这位年轻的僧人就是刘秉忠。

刘秉忠（1216—1274年），原名侃，字仲晦，自号藏春，出家法名子聪，从受元世祖忽必烈所授官爵之后改名秉忠。其先世历代为辽、金衣冠士族，受儒学礼治之说影响甚深。因其父任顺德路（今河北邢台）录事，他年十三便进入元帅府做质子，有缘得到元帅的看重和优遇，能够专心读书。其17岁为邢台节度使府的令史，从事文字等杂务；23岁时感叹终日为呆板的"刀笔吏"，决定逃避世事，于是隐于武安县山间的清化，先与全真道士一起修学，又想西游陕西。邢台天宁寺曹洞宗虚照禅师得知，因爱刘秉忠的为人和才华，特派弟子前往清化剃度他为僧，授法名子聪，带他归天宁寺修持。当年秋天，邢台遭遇严重蝗灾，民众食物普遍匮乏，刘秉忠随师虚照逃荒到云中（今山西大同），住进南堂寺。翌年，虚照返归邢台，刘秉忠仍留在南堂寺，在这里讲习天文、阴阳及卜筮方术。

1241年年底元太宗窝阔台汗去世。当时忽必烈亲王在和林，召请"光天镇国大士"、燕京大庆寿寺住持、临济宗海云法师到和林藩邸，问"佛法大意"，并授"菩提心戒"。海云北上途经云中，见到刘秉忠，对他的仪表举止和才智博学十分赏识，请他在身边担任侍者，携他同到和林谒见忽必烈亲王。忽必烈经与刘秉忠对谈，感到投机，对他的"洒落不凡及通阴阳天文之书"很赞赏，于是将他留在藩邸，让他担任执掌笔墨的书记并参与谋划军政机要。

忽必烈即位后，是为元世祖，接受刘秉忠建议，建元"中统"，命刘秉忠与儒者许衡参照古今典章制度，设立中央与地方官职。元中统五年（1264年）八月，改元"至元"。这时的刘秉忠在忽必烈身边参与谋划军政机要已达20多年。然而他一直以子聪为名，保持僧人身份，不改僧服，时人称为"聪书记"。此年，翰林学士承旨王鹗奏请对刘秉忠的"忠勤劳绩"予以褒奖，称"秉忠犹仍其野服散号，深所未安，宜正其衣冠，崇以显秩"。[1]元

---

[1] 杨曾文：《元初功臣僧子聪——刘秉忠》，《佛学研究》，2015年总第24期，第182—191页

世祖即日降诏，拜刘秉忠为光禄大夫，位太保，参领中书省事。此后，子聪改名刘秉忠。

刘秉忠虽然出家为僧，且对天文、地理、历史、易经、阴阳、八卦、五行等术无所不通，本质上则是一名儒士。元代之所以选用"元"字，就是他根据《易经》"大哉乾元"所提建议而定的。忽必烈的年号"至元"，也是他据《易经》"至哉坤元"一语而定。据《元史》记载，"颁朝服，举朝仪，给俸禄，定官制，皆自秉忠发之，为一代成宪"，可见忽必烈对他的信任。在传统儒家思想中，本身就存在着"文化融合"的观念，这有利于儒士以其政治理想为入主中原的少数民族统治者服务。在元代，这一观念的实质便是以中原文化去影响和改造建立在游牧经济和军事掠夺基础上的蒙古贵族统治方式。在忽必烈即位之初，著名理学家郝经就曾以北魏孝文帝之迁都洛阳为例，鼓励将政治中心南移，说"燕都东控辽碣，西连三晋，背负关岭，前临河朔，南面以莅天下"。蒙古贵族霸突鲁也认为："幽燕之地，龙蟠虎踞，形势雄伟，南控江淮，北连朔漠。且天子必居中，以受四方朝觐，大王果欲经营天下，驻跸之所，非燕不可。"刘秉忠也常以"典章礼乐法度三纲五常之教备于尧舜……思周公之故事而行之，在乎今日，千载一时不可失也"等言劝喻忽必烈。[1]因此，刘秉忠参用被列入《周礼》的《考工记》做出的大都规划，得到颇思有所作为的忽必烈的首肯，也就是很自然的事了。元人陶宗仪在《南村辍耕录》中这样描述今天的北京："右拥太行，左注沧海，抚中原，正南面，枕居庸，奠朔方。"

早在南宋，朱熹就曾认为北京是建都的最好地方。朱熹认为："冀

[1] 萧默编著：《巍巍帝都：北京历代建筑》，清华大学出版社，2006年，第40页。

都正是个天地中好个风水，山脉从云中发来，前则黄河环绕，泰山耸左为龙，华山耸右为虎，嵩（山）为前案，淮南诸山为第二重案，江南诸山及五岭为第三重案。故古今建都之地莫过于冀。所谓无风以散之，有水以界之也。"[1]他的这一论述可能对郝经、霸突鲁、刘秉忠、陶宗仪等人产生过影响。

后来忽必烈委派刘秉忠在金中都城的东北主持规划一座更大的都城，这就是元大都。当修建元大都的南城墙时，庆寿寺及其双塔的位置影响了工程的实施。由于上述因缘，这座寺院让刘秉忠很是为难，只好如实向皇帝禀报，忽必烈确乎表现了开明的姿态，抑或是对佛教的虔诚，他对刘秉忠说："不会将城墙向外移三十步？"于是在大都城的南城墙上出现了一段向南拐出的半圆弯儿，绕过了庆寿寺，本该方方正正的大城上留下了一大奇观，这在中国的都城建设史上也算是一件稀罕事了。

事已至此，庆寿寺的故事却还没有结束。元亡明兴，明成祖朱棣决定将都城从南京迁往北平，改北平为顺天府，建为北京，北京由此得名。明北京城，是在元大都的基础上改建而成，放弃大都城北的一部分，将南城墙往南移少许，这就是北京的内城。明北京城是由内外三重城构成的，由内至外分别是宫城（紫禁城）、皇城和大城（即内城，明嘉靖时又修建的外城）。当修建皇城墙时，工程进展到西南角（今府右街南口）时，又遇到了庆寿寺这一"难以逾越"的障碍，之所以难以逾越，是因为当时庆寿寺的住持僧人与明成祖有着极深的瓜葛。这位住持高僧就是姚广孝，他帮助朱棣取得"靖难之役"的胜利，登上皇位，奠定了明朝厚重的开国基石。朱棣像忽必烈一样，也决定绕开庆寿寺砌筑

[1]　萧默编著：《巍巍帝都——北京历代建筑》，清华大学出版社，2006年，第41页。

皇城墙，使得本应方正的皇城独缺西南一角，成为明北京城留下的一桩令人费解的趣事。

姚广孝与燕王朱棣的相遇是在明洪武十五年（1382年）八月的应天府（今江苏南京），是时朱元璋的正宫皇后——马皇后去世，朝廷召集分散于各地的有些声望的僧人前往应天府皇宫为其做法事、诵经荐福。正是此次机缘，47岁的僧人姚广孝（法号道衍）初遇从北平奔丧过来的四皇子——22岁的燕王朱棣。两人一见如故，相谈投契。九月，太祖朱元璋亲自为即将返回藩地的各位皇子挑选德行高尚的僧人，以陪伴他们返回自己的藩地，协助治理一方，固守边防，即所谓"阴翊王度"。这个决策可能与朱元璋早年的出家经历有关，他恩准了四皇子朱棣将道衍带走的请求，并任命道衍住持北平庆寿寺。

朱棣与道衍注定不会辜负此次相遇，结下了"注定之缘"，注定为发生的历史大事件而相遇。他们一去北平便是20年，这20年中的前17年，他们在明朝的北方边境，恪勤职守，保疆卫国。这期间道衍住持庆寿寺，上朝以朝服加身，下朝必换回僧衣。朱棣经常来寺中探访，两人密谈，避开外人，"迹甚密，时时屏人语"。今天我们已经无从知道他们密谈的内容。后3年便是掀起了强藩与中央的对抗，即朱棣为争夺皇权而发动的"靖难之役"。

燕王朱棣与建文帝朱允炆的彻底翻脸是历史的必然，其祸根正是明太祖朱元璋埋下的。本来朱元璋的嫡长子朱标被立为太子继承帝位是没有任何问题的，朱标本人品性敦厚，对兄弟关爱有加，朱棣也很尊重这位兄长。但天不假年，朱标竟于明洪武二十五年（1392年）去世，这给朱元璋以沉重打击。他对朱标的钟爱使其没能理性思考王朝的平稳发展问题，爱屋及乌，将朱标之子、皇孙朱允炆立为皇太孙，让其直接继承帝位。朱元

璋似乎忘了在遥远的北方为其忠守江山的其他皇子，此时他们都是拥有领地的藩王，且正当盛年，阅历丰富。按照朱元璋立下的祖训，藩王们不得任意返回帝都应天府。但祖训中开了一条例外，那就是一旦朝中出现奸臣，藩王们应该责无旁贷扬鞭疾驰而来剿灭乱臣，曰"清君侧"。"靖难之役"就是以"清君侧"的名义进行的，1402年，朱棣以血腥屠杀的方式入主应天府，从侄子朱允炆手中夺得帝位，承继大统。

道衍始终以僧人的身份出入俗尘，以最深入、最直接的方式介入这样一场屠戮杀生之役，长久以来为后世诟病，毁誉参半。"道衍"是其法名，其为苏州府长洲人，医家出身，14岁出家至苏州妙智庵。至今没有他俗家姓氏的记载，"姚广孝"是后来朱棣钦赐的姓名。他虽为僧人，但交游广泛，好学不倦，精通儒道释、兵法医学甚至星象卜测。当时的相士袁珙见过他后，称其面相异于常人，目三角，形如病虎，性必嗜杀，是类似元世祖忽必烈的名臣刘秉忠一般的人物。

明成祖朱棣开创永乐王朝，道衍已近古稀之年，身随心境，均已垂垂老矣。明永乐二年（1404年），明成祖赐道衍和尚姓名"姚广孝"，并评价其在靖难之役中居功至伟，"道衍力为多，论功以为第一"，拜僧录司左善世、资善大夫及至太子少师，这是正二品的官位。道衍除了接受"姚广孝"这一名字，明成祖的其他封赏一律被他婉拒了。明成祖赏赐的金银财宝，姚广孝全部散发给乡里，他"常居僧寺，冠带而朝，退则缁衣"，后世称其为"缁衣宰相"。

姚广孝在明永乐时期主要做的事情有两件：一是负责撰修《永乐大典》，二是做皇帝继承人的老师，先后指导皇太子朱高炽和皇长孙朱瞻基，这两位开创了明朝最好的"仁宣之治"时代。姚广孝作为佛门弟子，晚年最重要的贡献还包括主持铸造永乐大钟。永乐大钟是中国现存的体量

最大的青铜钟，外观恢宏，工艺精湛，是青铜铸钟的卓绝奇迹。铸钟的缘起今天已无从考证，是明成祖深为杀业惶恐，还是姚广孝会意祈旨，都不得而知。大钟铸好后，先挂在宫中，明万历年间移至万寿寺，清雍正时再移至觉生寺。觉生寺因悬挂这口永乐大钟而改叫大钟寺。自清乾隆初年起，这里成为清朝皇帝鸣钟求雨的场所。民众仰慕这座寺院，纯粹为了看一眼那口皇气逼人的永乐大钟。

明永乐十六年（1418年）春天，姚广孝已临近人生的终点，重病期间，明成祖多次到庆寿寺看望他，史书上说"谈甚欢"。不久，姚广孝在庆寿寺坐化圆寂，走完了以高僧面貌示现人间的艰难长路，世寿84年。明成祖闻之悲痛，辍朝三日。明成祖亲自为姚广孝撰写碑铭，而其他臣僚无人获此殊荣。明成祖还命人建造了姚广孝墓塔，位于今天房山区青龙湖镇常乐寺村北，为八角九级密檐式砖塔，高约33米，形制与庆寿寺海云法师墓塔相似。塔前立有明成祖朱棣"敕建姚广孝神道碑"一通，至今基本完好保存。明万历时期的思想家李贽云："我国家二百余年以来，休养生息，遂至于今。士安于保暖，人忘其战争，皆我成祖文皇帝与姚少师之力也。"[1]

庆寿寺及双塔巍峨八百年，星辰转换，朝代更迭，阅尽人间悲喜。到了20世纪50年代中期，寺与塔终于到了寿终正寝的时刻。梁思成曾以饱含历史情怀和文学色彩俱佳的话语，建议至少保留双塔，即使它们在路中央，可以以环岛的方式辅以绿化，让双塔继续矗立人间至千年，使"长安分塔"景观不致湮灭。所谓"长安分塔"，即在清晨太阳欲出时分的神秘光影中，站在西单牌楼东南角，就会看到庆寿寺双塔一在路南，一在路

[1] 陆波著：《北京的隐秘角落》，社会科学文献出版社，2018年，第27页。

姚广孝墓塔

北。走近再看，两座塔却分明都在路北的庆寿寺里面，挨得很近，相伴相携。这光与影的错觉便是北京老城的神秘与浪漫。梁思成的深情表白最终未被采纳。1955年为了拓宽长安街和修建西单电报大楼，庆寿寺及双塔全部被拆除。

今天我们走在西长安街上，两侧高楼林立，双向十车道，气派恢宏，有谁还能想起庆寿寺、双塔以及海云法师、刘秉忠、姚广孝、忽必烈、朱棣与北京这一世界著名古都的历史传奇？寺、塔、僧人、皇帝都已隐没于历史的风烟中，随风飘逝，唯有北京城默然如故，她已经历经世事沧桑，阅尽人间悲欢，看惯秋月春风。

帝后身影

"南朝四百八十寺，多少楼台烟雨中。"本是形容江南佛寺之众多。然而由于北京具有3000多年的建城史，860多年的建都史，寺院数量有过之而无不及，即使说其数量冠于全国，也毫不为过，如果再加上道教宫观、祭祀坛庙等，可称为"寺庙之都"。据《北平庙宇通检》一书记载，北京老城内及近郊区有寺庙840多处。在市域范围内，《寺庙北京》一书共梳理了大小寺庙4315所。

北京作为中国封建时代最后阶段——元、明、清的都城，为皇家居住地，不可避免地与寺院产生了密切的联系。皇帝尊重或笃信佛教，首先是为了笼络人心便于统治，当然也有一点私心：希望佛保佑自己坐稳江山。

例如，景山大佛就是一个有力的象征。景山是明清北京城中轴线上的制高点，位于皇城之内。今日之景山实际高度为45.7米（海拔高度89.2米），山前有绮望楼，供奉孔子像，山后是供奉清代先皇的寿皇殿。清乾隆时期在山上修建了5座美丽的亭子，丰富了景山的天际轮廓线，强化了景山在城市景观中的地位。这5座亭子，由东至西依次为富览亭、观妙亭、万春亭、缉芳亭、周赏亭，亭子的名称极富中国传统文学意境，但在每座亭子中间的台座上都放置一尊佛像，即所谓"五方佛"，又称"五智如来"。景山最高处中间的万春亭内是毗卢遮那佛像，东侧亭子内紧邻毗卢遮那佛像的是南方宝生佛像，再东是东方阿閦佛像，西侧第一个是西方阿弥陀佛像，再西是北方不空成就佛像。景山上的五方佛像的原始建造理念，在史籍上没有清楚地记载，但这五方佛的目光注视着紫禁城，甚至越过紫禁城投向远方的黄河、长江，其庇佑的象征意味是强烈的。

又如，崇信佛法的元世祖忽必烈定都于大都后，为了供奉迎来的释迦佛舍利，特聘尼泊尔工艺匠师阿尼哥于辽塔旧迹上修建雄浑高耸的白色喇嘛塔，元至元十六年（1279年）落成后，才在巍峨白塔前建了一座规模宏大的寺院，称"大圣寿万安寺"。据传为彰显元帝国的国威，此寺殿堂众多且富丽堂皇，朝廷许多重大仪典皆在此举行。可惜此寺元末遭雷击焚毁，唯有白塔幸存，寺院从此荒废近百年，明天顺元年（1457年）才得以重建，并改名"妙应寺"。忽必烈接受喇嘛教，则无疑有政治动机在，除了任命八思巴为"国师"外，他也命令南宋在杭州降元的小皇帝和他的母亲同去西藏进修喇嘛教。虽说以后其下落如何不见于经传，历史学家却因这段记载推动了好奇心：要是这年幼的先朝君主，虽退位仍有望宋遗臣的爱戴，从此成了宗教领袖，回头又向天子祈福保佑，这是何等高妙的如意算盘！可是我们已经无法知悉这故事的下文了。

今日妙应寺，白色喇嘛塔位于寺院中轴线后部的塔院之中

　　清顺治皇帝为接待五世达赖喇嘛来京朝觐修建了东黄寺，作为其驻跸之所。后来，雍正皇帝又允许蒙古部落之请兴建西黄寺。"东黄寺与西黄寺，同垣异构，时称双黄寺"，具有团结满、汉、蒙、藏诸民族和睦的象征。雍正皇帝甚至将自己登基前的私宅"潜龙邸"捐出，作为喇嘛教格鲁派的上院，即今雍和宫。到了清乾隆时期，为礼待来京祝寿的六世班禅额尔德尼，在香山仿西藏日喀则扎什伦布寺形式创建昭庙，供班禅郊游使用，俗称班禅行宫。不久六世班禅因病圆寂，乾隆皇帝又敕建清净化城塔于其临终前居住的西黄寺之西，同样具有纪念彼此情谊的意味。

　　北京西山的不少寺院，也都映射着皇帝的影子。要么是尊奉圣旨而建造，要么则留有一代代皇帝的履迹或墨宝。至于与之相关的传说就

更多了。潭柘寺的那棵辽代所植银杏树，就因为寺院老方丈告诉乾隆皇帝，"圣祖（康熙）和皇上驾幸潭柘寺，这棵老树都生出一侧枝，以示庆祝"。乾隆一高兴，当场御封其为"帝王树"。可见，寺院里的一草一木，都可能因为皇帝的青睐而身价百倍，更何况寺院本身呢？

"先有潭柘寺，后有北京城"，可以说明潭柘寺之古老。但细究起来，这说法大有问题，"北京"这名字是明成祖朱棣自南京迁都北平后的称呼，而潭柘寺始建于西晋，时间上差得有点儿远。还是明代的刘侗、于奕正在《帝京景物略》中记载的明谚"先有潭柘，后有幽州"更为准确，这里的幽州是唐代北京地区的名称。关于潭柘寺还有另一句民谚："火烧潭柘寺，水淹北京城。"翁同龢在清咸丰十年（1860年）五月二十三日的日记中感叹："雨复至，殊无情。直谚云：火烧潭柘寺，水淹北京城。

香山昭庙，又称班禅行宫，采用汉藏混合式建筑风格（武立佳摄）

去年九月潭柘寺佛殿毁于火，今年恐有水患矣。"[1]这一年北京城是否有水患，我没有查阅相关记载，但另一件至今烙印在全中国人心中的痛事却发生了，清咸丰十年（1860年），英法联军直逼北京城，迂回到北京西北郊，发现了圆明园。接下来英法联军将圆明园、畅春园、清漪园、静明园、静宜园的物品劫掠一空。1860年10月18日，英军统帅额尔金下令在园中放火，"三山五园"成一片火海，一代名园被焚掠殆尽。

卧佛寺是又一座皇帝经常光顾的寺院，寺始建于唐贞观二年（628年），以寺内供奉一尊5.3米长、1.6米高的释迦牟尼铜铸卧像而闻名遐迩。铜卧佛像于元至治元年（1321年）铸成，算起来，它已经不变姿势地躺了近700年。卧佛姿态安详，面容深沉庄严，正沉浸于一个博大的世界中。卧佛前的香案上陈列着许多双大鞋，皆是清代皇帝敬献的礼物，皇帝们倒是考虑得很周到。

其实卧佛寺这一称谓，是老百姓约定俗成的叫法，毕竟卧佛是其最大特征。可寺院的本名，反而被渐渐淡忘了。在大雄宝殿前月台左侧，有清雍正皇帝御制十方普觉寺碑。山门殿悬挂的匾额，上面也写着"赐十方普觉寺"。这是雍正皇帝的赐名。雍正之前，卧佛寺的寺名也不断地变换：唐代叫兜率寺；元代叫昭孝寺，后又改作洪庆寺；明正统年间，英宗赐名安禅寺；到了明崇祯年间，又改叫永安寺。据说明英宗、明宪宗、明武宗、明世宗、明神宗5位皇帝，都曾亲自来拜谒卧佛，并为寺院的几度修缮捐赠过财物。明英宗送了一部《大藏经》；明宪宗赐地525亩；明神宗更是细心，赐《大藏经》及棉被等物，以免卧佛着凉。

到了清代，皇帝们来得更加频繁。大雄宝殿的门额，悬挂着雍正御笔"双林邃境"匾额，两侧是乾隆题写的楹联"翠竹黄花禅林空色相，宝

[1] 洪烛著：《北京往事》，花城出版社，2010年，第127页

卧佛寺大雄宝殿门额"双林邃境"为雍正皇帝御笔

幢珠络梵宇妙庄严";山门前的五彩琉璃牌楼,正面写着"同参密藏",背面写着"具足精严",均为乾隆书法;在寺院的灵魂——卧佛殿内,亦有乾隆题词"得大自在"匾额,而卧佛殿外门额"性月恒明",以及楹联"发菩提心印诸法如意,现寿者像度一切众生",均是慈禧太后的手笔。在寺院里,皇帝们仿佛在进行"书法比赛",你方写罢我登场,多多少少有点卖弄的意思。

皇帝们并不满足于题题词写写字,还要在寺院里住上几天,消磨时光。西山几大名刹,如云居寺、潭柘寺、戒台寺,也包括卧佛寺,都设有游廊连接的别院,这是清代皇帝避暑出游的行宫。看来皇帝们真是对这些寺院情有独钟。

卧佛寺卧佛殿门额"性月恒明"为慈禧皇太后手笔

　　对于寺院的关注，皇后、皇太后们也不甘落后。慈禧太后自不必说，她让人称她为"老佛爷"，还穿上菩萨装，扮作观音菩萨拍摄了很多"时尚"照片。中国历史上，皇后、太后无数，但像慈禧太后那样乱世弄权、威仪天下的，毕竟是少数。大多数皇后、太后或聪颖或愚钝，但大多无法施展才干，湮没于历史的烟云，无声无息。但是，有一类有佛教信仰的皇后，因为她们对佛教寺院的贡献而得以在历史上为后人所知晓，尤以明代最为突出。如果细心，在北京不少寺院的石碑上都可以找出皇后、太后们懿旨敕建的记录。

　　在阜成门外京西八里庄的昆玉河畔，耸立着一座体量伟岸的佛塔，被称为"慈寿寺塔"。但寺院已不存，只留下失去寺院烘托的佛塔，孤独地矗立了上百年，飘零在岁月的长河里。塔的正式名称为"永安万寿塔"，今天也被称为"八里庄塔"或"玲珑塔"。这座佛塔是一位明朝的皇太后倾注了心血的建筑杰作，塔为八角十三层密檐式砖塔，高近60米，秀美端

庄，外观模仿辽代天宁寺塔，古色古香。据说，该塔每层檐角均悬挂风铃，共3000多枚，铃随风动，站在塔下仔细聆听，由于风的强弱、长短、方向的变化，铃声也随之产生变化，似妙音传法，弘扬四方。塔所归属的寺院——慈寿寺，毁于清光绪年间的一场大火。那本是一座规模宏伟的寺院，因火烛不慎，化为灰烬，只把这座塔遗留给今人。而那位皇太后就是明神宗万历皇帝的母亲。

万历皇帝的母亲，姓李，有生之年被尊称为"慈圣皇太后"，祖籍山西，出身卑微，其父李伟早年来到京师附近讨生活，以泥瓦匠为生。李太后15岁时被送进裕王府做婢女，为当时的裕王后来的隆庆皇帝朱载垕生长子朱翊钧，朱翊钧就是后来的万历皇帝。可惜隆庆皇帝只在位6年就驾崩了，年仅11岁的万历皇帝登基，此时李太后28岁。据明史记载，李太后性情严谨，为人敦厚，做事仔细，参政不乱政，秉国不贪权，是历史上母仪

慈寿寺原址已被改建为玲珑公园，慈寿寺塔就耸立在公园中，每天塔下都聚集着跳广场舞的人们，现代舞曲取代了古刹钟声，这是明代李太后绝对想不到的，慈寿寺塔却能泰然处之

天下的模范太后。她是个有眼光的女人，最大的政治贡献是倚重张居正为内阁首辅，推动了明朝中兴的"万历新政"。明史载："后性严明。万历初政，委任张居正，综核名实，几于富强，后之力居多。"

李太后好佛，并大办佛教工程，后世推测这与其出身卑微、以佛事树立其威严有关。当年民间一直尊称其为"九莲菩萨"，李太后也因此顺行菩萨道，大举修桥修寺修塔，颇有成就，带动了明万历年间民间妇女的信佛之风。明万历四年（1576年），李太后亲自策划兴建京西慈寿寺，两年后建成。慈寿寺工程浩大，设计精良，建寺起因是"为穆考荐冥祉，皇上祈祚胤"，也就是为失去的丈夫明穆宗祈求冥界福祉，为后世儿孙祈祷福运，与李太后本身并无牵连。但在寺院建成8年之后，李太后所居的慈宁宫发生了一件不可思议之事：一夜之间宫内莲花盛开，且李太后做梦梦到有九莲菩萨示现授经，而她醒来就可以完整背诵《九莲经》。并根据梦中所见形貌，铸造"一凤九首"之九莲菩萨像，安奉于寺院后殿九莲阁。这类神通因缘事件，就是编排些神话震慑众人。故事牵强附会，但对于那个年代的一位深宫女性，也不可能想出更好的办法了。李太后还命当时的内阁大学士申时行、许国、王锡爵分别撰赋咏莲花之辞，合刻于"敕赐慈寿寺内瑞莲赋碑"上，此碑现今仍在佛塔东北侧，但因风化严重，镌刻的文字已消失殆尽，仅存碑额"瑞莲赋碑"四字。

李太后对五台山道场的建设也贡献颇大。塔院寺大白塔是五台山的标志，始建于元大德五年（1301年），至明代，寺院规模益增宏大，明太祖朱元璋赐额"大显通寺"。大白塔原位于寺前塔院内，明永乐五年（1407年）重修时分家而为两座寺院，一边仍称"显通寺"；另一边以大白塔为中心，直接以塔命名，称"塔院寺"。明万历十年（1582年）李太后下令大肆重修此塔，并出资扩建，塔院寺形成今日所见之规模。之后她还铸文

殊菩萨大像送至五台山北台，并建殿宇供奉。五台山黛螺顶也是在李太后的敕资下修建的。李太后对五台山的贡献还不止在寺院建筑上，她先后敕赐了10部整套的《大藏经》分配给五台山的各大寺院。明朝时期，《大藏经》雕刻版本全都是由皇家控制的，天下的名山大寺能有一套《大藏经》就已经是非常殊圣了，10套是极为惊人的供佛大事。

李太后的父亲李伟，也应该提一下。此人并无特殊才干，因外孙是当朝皇帝，女儿是太后，被敕封为武清侯。李伟为今人所知，是因为在京西参与修建了清华园，但此清华园并不是今天清华大学所在的"清华园"，同名而异地。李伟修建的清华园位于今北京大学西校门的对面，被时人称为"京国第一名园""李园钜丽甲皇州"，在当时是一座大型私家园林，以至后来康熙皇帝选择李伟参与修建的清华园故址修建了著名的畅春园。

三

文人情怀

近十几年来，很多寺院由宗教场所转变为文物景区，西山古刹越来越热闹了，成为游人云集的旅游场所。尤其是随着交通条件的改善，高速公路、国道、城市快速路不断开通，从京城驱车顷刻间就能抵达这些寺院。游客们按照旅游手册游历拍照一番，不消一两个小时即可把一座寺院景点全部点到，不满足的还可以到寺院旁的茶肆小坐片刻，品茗听琴，也是一番悠然滋味，顿觉小资情调满满。

以前，从京城到这些几十千米之外的西山寺院并不是一件轻松容易的

古刹寻幽

事。从朱自清先生在《潭柘寺戒台寺》一文中可知20世纪30年代去潭柘寺、戒台寺的艰辛路程：先是坐车到门头沟，本来要雇驴，骑驴上山，"这时候自己忽然逞起能来，要走路"。但这山路真要走起来就相当吃力了，"这一段路可够瞧的。像是河床，怎么也挑不出没有石子的地方，脚底下老是绊来绊去的，叫人心烦。又没有树木，甚至没有一根草。这一带原是煤窑，拉煤的大车往来不绝，尘土里饱和着煤屑，变成暗淡的深灰色，叫人看了透不出气来。走一点钟光景，自己觉得已经有点办不了，怕没有走到便筋疲力尽"。由于路况太糟糕，体力消耗殆尽，"幸而山上下来一条驴，如获至宝似的雇下，骑上去"，颇有"细雨骑驴入剑门"的意味。骑上驴后，不仅骑术不佳，又起了大风，"平常骑驴就不稳，风一大真是祸不单行。山上东西都有路，很窄，下面是斜坡；本来从西边走，驴夫看风势太猛，将驴拉上东路。就这么走着，有一回还几乎让风将驴吹倒；若走西边，没有准会驴我同归呢？想起从前人书风雪骑驴图，极是雅事；大概那不是上潭柘寺去的。驴背上照例该有些诗意，但是我，下有驴子，上有帽子眼睛，都要照管；又有迎风下泪的毛病，常要掏手巾擦干。当其时真恨不得生出第三只手来才好"。再往前走，驴也骑不得了，"说是坎儿多。坎儿可真多。这时候精神倒好起来了：崎岖的路正可以练腰脚，处处要眼到心到脚到，不像平地上。人多竟有点竞赛的心理，总想走上最前头去；再则这里的山势虽然说不上险，可是突兀、丑怪、巉刻的地方有的是。我们说这才有点山的意思；老像八大处那样，真叫人气闷闷的。于是一直走到潭柘寺后门"。[1]好在潭柘寺殿阁层叠，泉声清雅，另成一个境界，有海上蓬莱意味。第二天清晨，转往

---

[1] 姜德明编：《北京乎——现代作家笔下的北京（下）》，生活·读书·新知三联书店，2005年，第379—380页。

戒台寺而去，这次改骑骡子，据说稳得多。戒台寺在半山上，下边是一片平原，与众山屏蔽的潭柘寺气象不同。朱自清先生特别提到，寺院正殿前的第二层平台是戒台最胜处，眼界最宽，戒台名松云集于此。又发挥文学家的想象，认为"若在月光底下，森森然的松影当更有可看"，不知有几人体验过"月下观戒台古松"的妙处。进而得出结论"此地最宜低回流连，不是匆匆一览所可以领略"。最后，朱自清先生还比较了潭柘与戒台的特点，"潭柘以层折胜，戒台以开朗胜，但潭柘似乎更幽静些"。游览结束，回程还是骑骡子，但"回到长辛店的时候，两条腿几乎不是我的了"。[1]

季羡林先生也写过一篇《大觉寺》游记，可知到了20世纪80年代这里的交通依然不便，70岁高龄还是跟着小辈一路骑车而至，途中已累到腿脚发麻，幸亏同伴扶掖，一鼓作气骑到大觉寺。然后先生游历一番，感慨："人间净土就在眼前，都会悠然产生凌云的壮志。"[2]之后，七旬老人又壮志凌云地一口气骑回燕园。

西山名刹各具特色，其共同的说辞无非这些：千年古寺，皇家敕建，名人眷顾，古迹甚多，等等。其中大觉寺四宜堂前的古玉兰十分有名，故大觉寺列为北京三大花寺之中，另两个是法源寺的丁香花、崇孝寺的牡丹花，崇孝寺今已不存，戒台寺的牡丹却非常有名了。大觉寺的这株玉兰树的名气之大缘于两点。其一，它是大觉寺住持迦陵性音和尚亲手栽种，据说，树苗移自四川，跨越大半个中国，落户大觉寺。其二，这株玉兰花开格外美丽，花大如拳，洁白如玉，香气浓馥，可谓花开时节动京城。虽然今天再观这株玉兰，已是花中老者，虬枝老干，还

[1] 姜德明编：《北京乎——现代作家笔下的北京（下）》，生活·读书·新知三联书店，2005年，第382页。
[2] 季羡林著：《季羡林散文精选》，长江文艺出版社，2013年，第275页。

用几根铁棍支撑着有些倾覆之相的树干，但它曾经的风采近300年来吸引过众多文人雅士的目光，并获得他们的赞美，其中就有清朝文学家爱新觉罗·奕绘、顾太清夫妇，近现代文化名人陈寅恪、朱自清、俞平伯、冰心、郭沫若、张伯驹等，当也包括前面提到的季羡林。民国初年，冰心夫妇曾在这座寺院度过他们新婚的最初岁月。历史学家陈寅恪亦多次游历大觉寺。一次在寺内的大雄宝殿，巧遇作家许地山，后者正在登高观察殿内的藻井，二人相视大笑。原来许地山当时正在研究古建筑结构与内部装饰，故有此举。

　　大觉寺还以杏花闻名，"杏花题名"为清代科举雅事。俞平伯凤闻阳台山大觉寺杏花之胜，曾约朱自清共赴大觉寺赏杏花，回来后写了一篇《阳台山大觉寺》，记其梗略。二人于四月十日往游之，北方杏花以清明为候，他们去晚了，只见"杏则凋残，半余绛萼，即有残英未谢，

大觉寺四宜堂前的古玉兰

亦憔悴可怜"，但是"梨花只开七八分，作嫩绿色，正当盛时"，也算有所补偿。俞平伯在文中记述了从北京城到大觉寺一路上的所见所闻，读来颇为有趣。他从南池子乘车，出西直门，至燕京校友门与朱自清会合。朱自清雇得小驴一头（朱先生又是骑驴），俞平伯雇得人力车一辆，一人骑驴，一人坐车，径往大觉寺而去。先后路过颐和园、安河桥、百望山、西北旺、青龙寺、太子务、龙王祠、黑龙潭、温泉村、城子山等处，一路上"夹道稚柳青青，行行去去，渐见西山，童秃为主"。同时又加以解释"北地山鲜水草，枯而失润，雄壮有余，美秀不足，不独西山然也"。

文人名士为什么不畏路途艰辛游历寺院呢？尤其是这些西山名刹？按说，中国的寺院，建筑布局大同小异。深红的山门、精美壮观的大雄宝殿、古朴的配殿与僧房，以及浑厚朴实的佛塔，都有着固定的位置，秩序井然，千百年不曾走样，只是在建筑和雕塑的细节上，随着时间和空间的转换而略有差别而已。俞平伯在文章中透露了玄机，他在《阳台山大觉寺》中写道："数日未出，觉春物一新，频年奔走郊甸，均为校课，即值良辰，视同冗赘，今日以游赏而去，弥可喜也。弧形广陌，新柳两行，陇畔土房，杏花三四，昔阴未散，轻尘不飞。"不为求神拜佛，而是踏青郊游，胜日寻芳，涤荡俗尘烦扰，抒发心中块垒。中国的寺院已经与中国的文人精神紧紧连接在一起，中国的文人精神在很大程度上表现为一种诗词精神。除了在闹市的，中国的寺院大抵选择了名山秀水，比如庐山、嵩山、五台山、西湖、舟山群岛……北京西山亦复如此，占尽了地理上的先机，名山秀水与寺院同为诗词歌咏的对象，吸引人们不远千里，前去拜谒。若到苏州，心里想的第一件事就是去寒山寺，体会月落乌啼、江枫渔火的古典境界，倾听那跨越时空的斑驳钟声。枫桥夜泊，是裹挟在青衫长袍里的一缕梦境，它触痛多少浪游者的惆怅，就

云居寺远眺，天地悠悠，峰峦起伏，林木苍翠，塔影梵音

像一壶醇浓的酒，吸引你去饮，饮罢，则如同中了魔一般，被一种美丽的忧伤所缠绕，永不醒来。当代作家祝勇在《云居寺记》中写道："云居寺给我的第一印象就是它的超凡脱俗。……它坐落在大地的隐秘处，绝不嚣张，如同一位在连绵的青山中遁迹的真正的隐者，独自守望着无涯的时空。山色青青，一峦连接着一峦，像无数个逝去的朝代一样真实而悦目，苍翠的轮廓里掩藏着各种生命驳杂的细节。在寺院青石板铺就的平台上踱步，我的心中就常在猜测对面的山林的枝叶究竟生就怎样的花纹，以及它们暗示出何等生命信息。拒马河带着银亮的光泽，在远方划过一条优美的弧线，如一条生动的水袖。除了偶尔出现的樵夫，以及零星的游人，这里鲜有人至，只有僧人们宽大的袍袖，时而在殿宇廊柱间闪现。云居寺虽然遗世独立，但它仍旧不失人间的温度，它和所有其他寺院一样，从不拒绝凡人的光顾。……山寺的阳

寺院与城市

光纯洁而健康，同时也充满着梦幻般的柔和与慈爱。"[1]

　　苏轼写过一篇散文《记承天寺夜游》，文章只有85个字，不妨全文眷录如下："元丰六年十月十二日夜，解衣欲睡，月色入户，欣然起行。念无与为乐者，遂至承天寺寻张怀民。怀民亦未寝，相与步于中庭。庭下如积水空明，水中藻荇交横，盖竹柏影也。何夜无月？何处无竹柏？但少闲人如吾两人者耳。"[2]文章以寺为题，却不见寺，寺内的竹影月色，都为表现一种心境意绪。山中古寺已经成为一种中国传统的美学意象，寺院为人们畅游山水提供了一个心灵终点站。明代正德年间的进士蒋山卿曾写《出西直门望西山诗》一首："路出西郊外，寻幽兴已赊。径回迷落日，林合隐疏花。山色争迎马，湖光欲泛槎。翠微多少寺，处处足烟霞。"[3]描写了文人名士风流，信马由缰，漫游西山，寻幽探寺，迷失于湖光山色，乐而忘返。清初天才诗人纳兰性德的《浣溪沙·大觉寺》道出了文人与山寺之间的精神实质，这是一种相对忘言的境界："燕垒空梁画壁寒，诸天花雨散幽关。篆香清梵有无间。蛱蝶乍从帘影度，樱桃半是鸟衔残。此时相对一忘言。"[4]"此时相对一忘言"真是刻画了山寺清幽的意境和作者澄明的心境，意境心境相印，忘言已是必然，正如陶渊明的诗："此中有真意，欲辨已忘言。"

[1] 祝勇：《云居寺记》，《寻根》，2001年第01期，第81—88页。
[2] 葛晓音选译：《唐宋八大家——古代散文的典范》，北京出版社，2018年，第271页。
[3] [清]于敏中等编纂：《日下旧闻考》，北京古籍出版社，1983年，第1624页。
[4] 徐燕婷、朱惠国评注：《纳兰词评注》，上海三联书店，2014年，第378页

古刹寻幽

【参考资料】

[1] 周维权著：《中国古典园林史（第三版）》，清华大学出版社，2008年。

[2] 梁思成著，林洙编：《梁》，中国青年出版社，2013年。

[3] [北魏]杨衒之撰，周祖谟校释：《洛阳伽蓝记校释》，中华书局，2013年。

[4] [明]刘侗、于奕正著，孙小力校注：《帝京景物略》，上海古籍出版社，2001年。

[5] [清]孙承泽著，王剑英点校：《春明梦余录》，北京出版社，2018年。

[6] 王同祯著：《寺庙北京》，文物出版社，2009年。

[7] 王雪莲编著：《北京西山八大水院》，中国人民大学出版社，2018年。

[8] 王南著：《北京古建筑》，中国建筑工业出版社，2015年。

[9] 潘谷西主编：《中国建筑史（第六版）》，中国建筑工业出版社，2009年。

[10] 祝勇著：《皇城北京》，海豚出版社，2013年。

[11] [清]富察敦崇著：《燕京岁时记》，北京古籍出版社，1981年。

[12] [清]于敏中等编纂：《日下旧闻考》，北京古籍出版社，1983年。

[13] [宋]孟元老著：《东京梦华录（精装插图本）》，中国画报出版社，2013年。

[14] 梁思成著：《梁思成全集（第四卷）》，中国建筑工业出版社，

2001年。

[15] 萧默编著：《巍巍帝都：北京历代建筑》，清华大学出版社，2006年。

[16] 陆波著：《北京的隐秘角落》，社会科学文献出版社，2018年。

[17] 洪烛著：《北京往事》，花城出版社，2010年。

[18] 李允鉌著：《华夏意匠：中国古典建筑设计原理分析》，天津大学出版社，2005年。

[19] 侯幼彬著：《中国建筑之道》，中国建筑工业出版社，2011年。

[20] 郝慎钧、孙雅乐编著：《碧云寺建筑艺术》，天津科学技术出版社，1997年。

[21] 白化文著：《汉化佛教与佛寺》，北京出版社，2011年。

[22] 周叔迦著：《佛教基本知识》，北京出版社，2016年。

[23] 宗白华著：《艺境》，北京大学出版社，1987年。

[24] 卢济威、王海松著：《山地建筑设计》，中国建筑工业出版社，2001年。

[25] 李乾朗著：《穿墙透壁：剖视中国经典古建筑》，广西师范大学出版社，2009年。

[26] 汉宝德著：《中国建筑文化讲座》，生活·读书·新知三联书店，2008年。

[27] 侯仁之、邓辉著：《北京城的起源与变迁》，中国书店，2001年。

[28] 齐如山著：《北平杂记》，当代中国出版社，2015年。

【后　记】

　　建筑是一门博大而精深的学问，中国传统木构架建筑又有其特殊之处，一系列专门术语足以让人望而却步。笔者尝试用通俗的文字和直观的图片来阐释或介绍北京西山佛教建筑的特色，希望喜爱中国建筑又非建筑专业的朋友能够接受。本书尽量以北京西山重要而有趣的寺院建筑为例，描述其建筑特点，阐述其建筑观念，但依然难免有专业艰涩之感，还望读者见谅。

　　建筑从来不会也不可能脱离社会生活而独立存在，北京西山佛教建筑也是如此。这些西山古刹，既是神灵的殿堂，也是人间的净土，既是帝王的行宫，也是众生的舞台，所以书中尽量举出一些与西山古刹有关的人与事，以加深读者的印象。

　　通过书籍欣赏建筑，丰富的图片和详细的文字解说是我们所需要的，本书部分插图由武立佳、叶盛东提供，在此对其表示诚挚的感谢。同时，本书除特别注明外的其他图片均为笔者拍摄，由于摄影水平以及时间、天气等因素，部分照片质量不能令人满意，还有些建筑及造像由于文物管理制度的原因未能拍摄，此亦为本书遗憾之处。但需要指出的是，品评建筑只从书籍与图片资料入手是不够的，建筑是

古刹寻幽

空间和时间的艺术，亲临现场，亲身体验，才是最深入的鉴赏方式。读者若能于阅读本书之后，走进北京西山古刹，发掘中国建筑之美，体验人与自然的和谐关系，正是本书出版的目的和笔者由衷的期望。限于水平，不妥或疏漏之处实所难免，尚祈不吝赐教。

刘剑刚

2019年9月